COURS MÉTHODIQUE

PROGRESSIF ET COMPLET

DE

DESSIN LINÉAIRE

A L'USAGE

Des Écoles primaires de tous les Degrés et des Écoles normales, des Institutions
et des diverses Écoles professionnelles et industrielles

PAR

J.-B. TRIPON

PROFESSEUR DE DESSIN MATHÉMATIQUE A L'ÉCOLE PRÉPARATOIRE DE SAINTE-BARBE
A PARIS

ANCIEN ÉLÈVE DE L'ÉCOLE IMPÉRIALE DES ARTS ET MÉTIERS D'ANGERS, AUTEUR DE PLUSIEURS OUVRAGES SUR LE DESSIN
LINÉAIRE, L'ARCHITECTURE, L'ORNEMENTATION, LA MÉCANIQUE, LA TOPOGRAPHIE, LA THÉORIE DES OMBRES
ET DES PROJECTIONS.

MENTIONS HONORABLES ET MÉDAILLES D'ARGENT

*Aux Expositions d'Industrie de 1849 et 1855, et à la Société d'Encouragement 3 juin 1857
pour ses Études de Lavis sur pierre appliquées à l'Enseignement du Dessin professionnel*

DIVISION DE L'OUVRAGE

5 pl. de Notions de géométrie appliquée ; ensemble.	101	figures.
11 pl. de Dessin Linéaire élémentaire appliqué à la Géométrie et à l'Industrie.	120	—
10 pl. Études de Projections orthogonales et obliques.	168	—
1 pl. Exercices de Tire-Lignes appliqués aux Moulures en Architecture.	15	—
3 pl. de Principes des Ombres appliquées aux corps les plus usités.	65	—
30 planches format demi-raisin, beau papier fort, ensemble.	469	figures.

PARIS
LAROUSSE ET BOYER, ÉDITEURS
RUE SAINT-ANDRÉ-DES-ARTS, 49

1858

N. B. Les opérations graphiques des figures de géométrie et de Dessin linéaire sont tellement explicites, que nous n'avons pas cru devoir donner de texte pour ces deux parties ; nous nous bornerons à donner le texte explicatif de la Théorie des Projections et de celle des Ombres.

Paris. — Typographie Morris et Comp., rue Amelot, 64.

DES PROJECTIONS

Principes généraux.

On entend par *projection* la reproduction géométrique d'un corps quelconque sur un plan, soit vertical, soit horizontal, soit oblique.

Le résultat de ces opérations se nomme *projection*.

Il y a trois sortes de projections : 1° les projections VERTICALES, si l'on opère sur un plan vertical *efgh* (fig. 216) ; 2° les projections HORIZONTALES, quand on opère sur un plan horizontal ABCD (fig. 216 *bis*) ; 3° enfin les projections OBLIQUES, lorsque les corps que l'on projette ne sont pas parallèles aux deux plans de projection (fig. 224, 225 et 227).

On désigne ces diverses projections par les noms de *plan, coupe* et *élévation*. Ainsi, dans un dessin, pour désigner la projection horizontale, on dira, le PLAN ; pour désigner la projection verticale, on dira l'ÉLÉVATION ; enfin toute section faite, soit par un plan sécant aux deux projections soit horizontales, soit verticales, prend le nom de COUPE, qui s'exprime ainsi : COUPE VERTICALE ou COUPE HORIZONTALE.

Mais si l'on considère ces projections plutôt comme des projections que comme des coupes, alors elles conservent les noms déjà indiqués de PLANS et ÉLÉVATIONS.

Les projections OBLIQUES diffèrent des projections ORTHOGONALES, dites *à angles droits*, en ce que ces premières ne donnent le tracé géométrique que de corps parallèles et perpendiculaires aux deux plans de projection, tandis que ces dernières sont projetées obliquement aux deux plans de projection.

Deux projections sont indispensables pour le tracé d'un dessin, car la projection horizontale ne donne que les largeurs et longueurs, ce que ne fait pas la projection verticale, qui ne donne que les hauteurs ; ces deux projections sont donc indispensables, quelquefois même il faut avoir recours à une coupe soit horizontale, soit verticale pour l'intelligence du dessin.

De la ligne de terre.

On appelle LIGNE DE TERRE l'intersection des deux plans de projection. Telle est la ligne LT (fig. 217 à 220).

On sépare toujours les deux plans de projection par une ligne que l'on nomme LIGNE DE TERRE.

Projection d'un point.

La projection d'un point (fig. 217) est la reproduction du point lui-même.

Projection d'une droite.

D'après ce qui vient d'être dit, que la projection d'un point est le point lui-même, il est facile de comprendre que la projection d'une droite sera la droite elle-même, et que, pour obtenir cette projection, il suffira de projeter les deux points extrêmes de cette droite, l'intersection de cette projection avec le plan donnera deux points, et, si par ces deux points on fait passer une droite, on aura la projection cherchée, qui sera la droite elle-même (fig. 218).

Si la droite $h'h'''$ (fig. 219) est inclinée en même temps par rapport aux deux plans géométraux, ses projections $h'h'''$ et $h''h^v$ sont aussi inclinées à la ligne de terre, et s'obtiennent toujours par des perpendiculaires abaissées des extrémités de la ligne sur les deux plans de projection.

Projection d'une surface plane (fig. 220).

Toute surface plane étant limitée par des lignes, quand on sait déterminer les projections de celles-ci, il est facile de déterminer une surface quelconque sur les plans de projection.

Il suffit, en effet, d'opérer comme il vient d'être dit ; c'est-à-dire d'abaisser de chacun des sommets, des angles ou points d'intersections des lignes, des perpendiculaires sur chacun des plans géométraux, et de mener successivement des lignes par le pied de ces perpendiculaires.

Il est à remarquer que cette surface se projette suivant une figure égale à elle-même, lorsqu'elle est parallèle à un des plans de projection, et suivant une simple ligne droite sur l'autre plan de projection, comme étant perpendiculaire à celui-ci.

Ainsi, lorsqu'une surface est parallèle au plan horizontal, la projection horizontale donne une figure égale et parallèle à elle-même, et sa projection verticale est une droite parallèle à la ligne de terre.

Projection d'un cercle.

Connaissant la projection d'une droite, il est facile de déterminer celle d'un cercle.

1er cas. En effet, cette ligne représentant le diamètre d'un cercle, si ce cercle se trouve dans un plan perpendiculaire au plan horizontal et parallèle au plan vertical, on aura pour projection de ce cercle sur le plan horizontal une droite égale au diamètre de ce cercle, et sur le plan vertical sa projection sera un cercle décrit avec un rayon égal à la moitié du diamètre (fig. 221 et 221 *bis*).

2e cas. Réciproquement, le cercle étant parallèle au plan horizontal et perpendiculaire au plan vertical, sa projection sera dans le premier plan un cercle, et dans le second une droite égale au diamètre du cercle, ainsi qu'il vient d'être dit (fig. 222 et 222 *bis*).

3e cas. Enfin le cercle peut encore être situé dans un plan perpendiculaire au plan horizontal et oblique au plan vertical ; dans ce cas le plan de projection n'étant plus parallèle à celui de la surface que l'on projette, il ne peut plus exister de similitude entre cette surface et cette projection. Dans ce cas alors la projection du cercle dans le plan est celle de son diamètre, et sur le second plan une ellipse, laquelle aura pour grand axe le diamètre du cercle et pour petit axe la projection verticale de ce même diamètre projeté verticalement (fig. 224 et 225).

Si au lieu de projeter verticalement les points $a b c$ du diamètre d'un cercle, on les projette obliquement, suivant $a' x$, $c c' b y$, la rencontre avec la ligne de terre donnera des points d'intersection; si on projette verticalement ces points, et, si des points c', $1a$, $2c$ on projette deux horizontales $c' c''$, $1 1'$, $4 4'$, $2 2'$, $3 3'$, $c c'' a a'$, l'intersection de ces dernières droites avec les premières déterminera des points par lesquels on fera passer une ellipse (fig. 224) qui sera encore une projection oblique sur le plan vertical du cercle dont le diamètre $a b c$ est donné.

Projection d'une section droite d'un cylindre à base circulaire.

Cette figure est la même que celles 224 et 225 et les projections s'obtiennent de la même manière, seulement il est utile d'ajouter que les projections du centre et des deux extrémités du diamètre ne donnent que quatre points pour tracer l'ellipse. Pour en obtenir quatre autres, il suffit, comme dans la figure 226, de déterminer les points b et d, ce qui s'obtient en traçant un demi-cercle qui aura pour rayon $c a c e$; diviser ce cercle en quatre parties et rabattre ces points de division qui détermineront les points b, d. Ces points connus, on les projette verticalement, puis on prend une ouverture de compas égale à $c b$ et $c d$, que l'on reporte du petit axe en $b' b'$ $d' d'$.

Projection d'un cône.

Le cône étant donné en projection verticale, il suffit, pour obtenir sa projection horizontale, d'abaisser son sommet s' en s, qui donne sur le plan le centre du cône, puis avec un rayon égal à la moitié de AB' décrivez un cercle, on aura les deux projections du cône (fig. 229 et 230).

Projection d'un cône tronqué.

Après avoir, comme dans la figure qui précède, obtenu les projections du cône, il suffit de déterminer la section $c' s d'$ sur le plan horizontal, ce qui s'obtient en traçant un cercle qui aura pour rayon $s c'$ ou $s d'$ (fig. 232).

Projection d'un cône incliné.

Le cône étant donné sur le plan vertical (fig. 233), on opère comme il vient d'être dit. Le cercle ACB, plan de la base du cône étant tracé, il suffit, du sommet s, projection du point s', de mener des tangentes au cercle et l'on aura la projection horizontale.

Projection d'un cylindre.

Le cylindre étant donné sur le plan vertical (fig. 235), il suffit de projeter son centre et les deux génératrices, puis de tracer le cercle AD (fig. 236).

Projection d'un cylindre oblique.

La projection verticale $A'D'C'E'F'G'$ étant donnée, pour obtenir la projection horizontale, il faut remarquer que les bases sont inclinées par rapport à la ligne de terre, leurs projections, par conséquent, deviennent des ellipses dont le grand axe est égal au diamètre du cylindre, et dont le petit axe s'obtient par la projection des points A' C', qui donnent $A C$ pour la base supérieure, et $E G$ pour la base inférieure.

Ces ellipses peuvent se tracer par les moyens indiqués figures 224, 225, 227. Joignez les deux ellipses par les horizontales BF et H, vous aurez la construction.

Section du cylindre par un plan horizontal, $I'K'L'$ (fig. 237).

Cette section donne aussi une ellipse au plan horizontal (fig. 238), dont le grand axe est $K I$ et le petit axe L, égal au diamètre du cylindre et projection du point L'.

Projection d'un prisme octogonal droit.

Le plan $A'B'C'D'E'F'G'$ étant donné, projetez verticalement ses arêtes par des lignes $A'A'$, $B'B'$, $C'C'$ $D'D'$, $E'E'$, $F'F'$, $G'G'$; déterminez sa hauteur, vous aurez la construction dans les deux plans de projection.

Projections de deux prismes octogonaux obliques.

Le plan $A'B'C'D'E'F'G'$ étant donné comme précédemment, pour obtenir la partie supérieure de l'octogone, il suffit de projeter les arêtes comme il vient d'être dit, et vous obtenez la ligne $A''B''C''D''E$. Puis, parallèlement à la ligne de terre, vous projetez horizontalement les arêtes de l'octogone et vous en tracez un second $AB'''C'''D'''E'''F'''G'''$ (fig. 242); joignez les points deux à deux $G'G'''$, $F'F'''$, $E'E'''$, etc., vous aurez la projection horizontale de l'octogone. Si vous projetez verticalement les arêtes de ce second octogone par les lignes $A'''A$, $B'''B$, $C'''C$, $D'''D$, $E'''E$, vous aurez ainsi déterminé la partie inférieure de l'octogone $ABCDE$. Si maintenant, par des droites AA'', BB'', CC'', DD, $E'E'$, on relie la partie supérieure à la partie inférieure de l'octogone, vous aurez ainsi déterminé la projection verticale de l'octogone (fig. 243). La projection horizontale (fig. 244) s'obtient de la même manière ; quant à la base de l'octogone, $A'B'C'E'F'G'$, cette base étant connue, de tous ses angles tracez des lignes à 45° et vous déterminerez un second octogone qui sera la partie supérieure de l'octogone ; joignez, comme il a été dit, fig. 242, les angles deux à deux, et vous aurez la projection horizontale déterminée (fig. 244). La projection verticale s'obtiendra de même qu'il a été dit fig. 243, en observant toutefois de mener de tous les points, tant à la partie supérieure, qu'à la partie inférieure, des horizontales, qui viendront couper les verticales; mener des lignes projetées des points correspondants et dont les intersections détermineront des points par lesquels on tracera les octogones supérieurs et inférieurs que l'on reliera par des droites, ainsi qu'il a déjà été dit (fig. 243).

Projections droites d'un prisme.

(Fig. 245 et 246.) Pour établir les projections d'un prisme droit, les faces latérales étant perpendiculaires au plan horizontal, on suppose donnée dans ce plan la figure géométrique $abcde$, qui est elle-même la base de ce prisme. Ainsi, la base étant carrée, il suffit d'inscrire le carré dans un cercle $abcd$, dont le centre c et le rayon ac sont donnés; la projection verticale s'obtient en élevant de chacun des points a, b, c, d, des perpendiculaires à la ligne de terre, et si l'on s'est donné la hauteur cc' du prisme, il n'y aura plus qu'à mener du point c' une parallèle à la base ac du prisme, et l'on aura aa', bb', cc', dd', ee' pour la projection verticale cherchée.

Projections obliques ou inclinées d'un prisme.

(Fig. 247 et 248.) Si l'on suppose que le prisme $abcd$ (fig. 247) tourne autour de l'angle $1''$ pour s'incliner sur le plan horizontal, de telle sorte que la base $1''3$ détermine avec la ligne de terre un angle quelconque et que chacune de ces arêtes reste en même temps parallèle au plan vertical, la nouvelle projection verticale sera identiquement la même que celle que nous avons obtenue (fig. 245) et que l'on construira de la même manière. Ainsi, sur le milieu de $1''3$ on élève la perpendiculaire $3'3''$; on porte de chaque côté du point $3'$ les distances égales $3'2''$ et $3'4''$; puis par les points $1'', 2'', 4'', 3$, on mène des parallèles à la ligne $3'3''$ dont la longueur est limitée par $1, 2', 3'', 4', 3'$, parallèle à la base $1''3$. Pour obtenir la projection horizontale, il faut observer que ce prisme, étant incliné au plan horizontal, donne sur ce plan une projection oblique que l'on détermine ainsi : Mener par les points $abcd$ de la figure 246 des droites parallèles à la ligne de terre, puis de chacun des points de la base supérieure et inférieure (fig. 247) abaisser des perpendiculaires; la rencontre de ces perpendiculaires avec les horizontales correspondantes donnera la projection horizontale de chacun des sommets des angles du prisme. Ainsi, par exemple, la perpendiculaire abaissée du point $3'$ dans l'élévation qui correspond au point 3 dans le plan, détermine par sa rencontre ou intersection avec la ligne horizontale menée du point a la projection horizontale 3 (fig. 248). On obtiendrait de la même manière la projection $3'$ du point correspondant 3 de la base inférieure, et ainsi de suite de tous les autres points, soit de la base supérieure, soit de la base inférieure.

Projection d'une pyramide droite.

Le plan de la pyramide étant donné, sa hauteur cs' étant donnée, projetez sur la ligne de terre en a, b, c, d, e, les angles visibles du plan (fig. 250), tels que a', b', c', d', e', puis joignez tous les points obtenus sur la ligne de terre par des droites au sommet s', vous aurez ainsi la projection verticale cherchée d'une pyramide.

Projection d'une pyramide posée sur l'une de ses génératrices.

Le plan étant donné (fig. 252), tracez l'oblique ac (fig. 251) à volonté; projetez verticalement tous les points a', b', c', d', e', du plan; ces points viendront couper l'oblique en des points a, b, c, d, e. Menez du point c, milieu de ae, sur cette oblique ae une perpendiculaire indéfinie; projetez le sommet s du plan; cette projection prolongée viendra couper la perpendiculaire élevée sur l'oblique ae en un point s', qui sera la projection du sommet de la pyramide. Si l'on joint par des droites tous les points projetés, a, b, c, d, e, sur l'oblique ae, on aura ainsi déterminé la projection verticale de la pyramide inclinée.

Projections de deux pyramides tronquées.

Les deux projections étant connues et obtenues, ainsi qu'il a été dit (fig. 249, 250), il suffit d'indiquer la section ae (fig. 253). Cette section vient couper les arêtes de la pyramide en des points a, b, c, d, e, ces arêtes étant déterminées dans le plan (fig. 254). Si on abaisse des verticales sur chacune des arêtes correspondantes, on déterminera un second polygone $a'b'c'd''e'f'g'$, qui sera la projection horizontale de la section faite dans l'élévation. Seulement il est à remarquer que les points e', g', qui se trouvent sur l'arête CG' ne sont déterminés par aucune intersection. Pour les obtenir, menez horizontalement une droite du point c (fig. 253); cette droite viendra couper l'arête de la pyramide au point f; prenez cf et portez-le de s en c', et de s en g', vous aurez ainsi déterminé la section horizontale que l'on grise ou que l'on indique par une teinte un peu foncée pour marquer que c'est une coupe.

On opère de même pour les figures 255 et 256.

Développement d'une pyramide hexagonale.

Le plan $abcdef$ de la pyramide étant donné, projeter son sommet s indéfiniment, puis sur cette ligne ss' chercher le centre d'un cercle qui aura pour rayon sf et se; ce cercle tracé, porter sur ce même cercle avec une ouverture de compas égale à l'un des côtés de la pyramide fe, par exemple, six points B, A, f, e, d, c, puis joindre ces points au sommet s'; on aura ainsi déterminé six triangles isocèles égaux qui seront le développement de la pyramide.

Projections d'un polygone icosaèdre posé sur l'un de ses angles.

Pour obtenir la projection horizontale (fig. 261) il faut : 1° tracer le pentagone ABCDE, ayant pour ses côtés la même dimension que ceux du triangle donné pour construire l'icosaèdre.

2° Inscrire ce pentagone dans un décagone de même rayon.
3° Enfin projeter verticalement les points g, g', B, B', E', A, C, C', i, i', dont deux se confondent en partie avec deux des côtés parallèles du décagone $gAiD$. Pour obtenir la projection verticale (fig. 260), après avoir mené les verticales gg', BB', E'A, CC', ii' : 1° tracer le triangle équiangle B'C'F, dont le côté B'C' est déterminé par les lignes de projection BB', CC', auxquelles il est perpendiculaire.
2° Mener parallèlement à la ligne de terre les lignes $g'i'$, A'D', joindre A'B, B'A, AC', C'D' et FE', vous aurez la projection verticale cherchée.

Projections du dodécaèdre polyèdre à dix faces.

(Fig. 260.) Tracer : 1° le pentagone régulier $abcde$;
2° Sur le milieu de chacun des côtés élever des perpendiculaires qui viendront couper le cercle décrit du point o comme centre avec oi ou oD pour rayon, en dix points que l'on joindra, deux à deux, par des droites, lesquelles détermineront le tracé de la projection horizontale du polyèdre de dix côtés.
Pour obtenir la projection verticale, il faut : 1° après avoir projeté le cercle circonscrit, mener verticalement par les points B, C, D, E, F, des droites parallèles ; ces droites viennent couper le cercle en des points A', B', C', E', f, G', H, K, que l'on joindra deux à deux, et par lesquels points on mènera les horizontales parallèles à la ligne de terre, C'E, Bf, A'G', KIH. Ces horizontales rencontreront les verticales menées du plan en des points d'intersection intérieurs, a', D', d', si l'on joint les points Aa', $a'b'$, $c'd$, dD', dG', D'I et $a'D'$ par des droites, on aura résolu la projection verticale du polyèdre.

Tracé du développement du dodécaèdre.

1° Tracer un pentagone régulier dont l'un des côtés est donné ;
2° Joindre ses angles, deux à deux, pour obtenir le pentagone du centre ;
3° Prolonger les côtés de celui-ci pour obtenir ceux qui l'entourent (fig. 265).

Pénétration de deux cylindres de même diamètre et dont les axes sont parallèles au plan vertical.

(Fig. 266 et 267.) 1° Diviser la circonférence représentant le plan du cylindre en un certain nombre de parties, soit en huit (fig. 267) ; par ces points de division, mener des horizontales et des verticales ; 2° tracer en projection verticale les mêmes lignes de divisions horizontales que dans le plan ; ces lignes viendront rencontrer les verticales menées du plan en des points d'intersection par lesquels on mènera les lignes $2'4''$ et $2''4'$.

Pénétration de deux cylindres de diamètres différents, mais dont les axes sont parallèles au plan vertical.

(Fig. 269). 1° Faire le plan des deux cylindres et les diviser en huit parties.
2° Diviser de la même manière le cylindre horizontal dans la projection verticale ;
3° Mener du plan des points de division des verticales dont les intersections avec les horizontales en élévation viendront déterminer des points c, c', 2, 2', 3' et d, d', 6', 6'', 5', par lesquels on fera passer la courbe cherchée.

Pénétration de deux cylindres, mais l'un des axes étant oblique au plan vertical.

1° Comme dans les figures qui précèdent, diviser le plan du cylindre en huit parties égales ;
2° mener des obliques parallèles entre elles et à l'axe oblique IE, et encore parallèles aux deux génératrices du cylindre ; 3° projeter verticalement le cylindre ainsi qu'il a été dit (fig. 227).

Pénétration de deux cylindres dans une position quelconque.

(Fig. 272, 273.) Par des points correspondants, pris sur les bases des cylindres (fig. 223), tirez des génératrices qui, étant prolongées, perceront le plan horizontal en des points qui détermineront les intersections des cylindres avec ce plan. Si les cylindres sont, comme ceux-ci, droits-circulaires, on aura de suite ces intersections par le renversement des cylindres sur le plan horizontal (voir fig. 374-375). Cela fait, tirez xy qui joint les points où les axes percent le plan horizontal ; menez ensuite une série de plans parallèles aux deux cylindres ; il est clair que les traces de ces plans sur le plan horizontal seront av, bc, parallèles à xy, qu'ils couperont les cylindres suivant leurs génératrices respectives aA, vA' et $a'A'$, $v'A'$; bB, cB et $b'B'$, $c'B'$; et que les sections A-A', B-B', ..., comprises dans chacun de ces plans appartiendront aux courbes que donnent les pénétrations de ces deux cylindres. Si les opérations sont exactes, les points A-A', B-B', doivent se trouver sur des perpendiculaires à la ligne de terre ; on peut donc ne mener les génératrices que sur l'un des deux cylindres projetés verticalement.

Pénétration d'un cylindre et d'un cône, les axes étant parallèles au plan vertical et sécants et perpendiculaires entre eux.

(Fig. 274 et 275.) Les deux projections étant connues : 1° du point C, intersection des axes du cylindre et du cône (fig. 274), décrivez une circonférence de même rayon que le cylindre ; 2° du point d'intersection I, obtenu par la rencontre de cette circonférence avec l'axe du cylindre, menez IS' sommet du cône qui donne une seconde intersection 2 ; 3° par les points 1, 2, 3, 4, tracez les courbes qui seront la trace des deux pénétrations en projection verticale ; 4° pour obtenir cette trace en projection horizontale (fig. 275), projetez les points 1, 2, 3, 4, en 1', 2', 3', 4', etc.

Pénétration d'un cône et d'une sphère, l'axe du cylindre ne passant pas par le centre de la sphère.

(Fig. 276 et 277.) 1° Projetez S en 1' et en 1"; 2° du centre de la circonférence décrivez un arc ayant pour rayon C1"; 3° du centre C' décrivez les arcs 1, 3 et 4, 4; 4° menez les droites 3, 3' 4" 3'; 5° par les points d'intersection avec la sphère, 6' 5° menez les horizontales 5, 5" et 6, 6'; 5° portez les distances 7, 7' et 8, 8 de S en 9 et S en 10; 7° projetez les points 9' en 10' par lesquels vous ferez passer les courbes d'intersection cherchées.

Pénétration d'un cylindre et d'une sphère, l'axe du cylindre ne passant pas par le centre de la sphère.

(Fig. 278 et 279). 1° Projetez les points 1, 2, 3 en 1', 2', 3', puis ces derniers en 1", 2", 3"; 2° du centre de la sphère décrivez des arcs passant par les points 1", 2", 3", 4"; 3° menez une horizontale indéfinie 3, 3, 3' (fig. 279), projetez-la en 3', 3' et 3', 3"; 4° du centre de la sphère décrivez l'arc 3, 3", 3", 3", la rencontre des verticales menées du plan des points 1, 2, 3, 4, avec les arcs correspondants détermineront les courbes elliptiques 1', 2', 3', 3' et 1", 2", 2", 3", 3", qui seront la trace de l'intersection cherchée.

Section d'un cône droit; cette section est une ellipse (fig. 284) lorsqu'elle est faite par un plan incliné à sa base.

A' B' (fig. 282) étant la projection verticale du plan de section, pour trouver le plan de projection horizontale, il faut :
1° Mener un nombre quelconque de génératrices, telles que F S', S' S', F' S' : ces génératrices viennent couper la section A'B aux points A'C', S, L B'; 2° par tous ces points menez des horizontales qui coupent les génératrices du cône; 3° représentez ces tranches par autant de cercles dans le plan; 4° divisez A'B' en deux au point m', abaissez verticalement sur CD ce point m, prenez m' A' moitié de A' B', portez de m en n et h', vous aurez ainsi déterminé quatre points A' B' n' n, par lesquels vous ferez passer l'ellipse qui sera la section du cône en projection horizontale.
Pour obtenir les véritables dimensions géométriques du plan de section, il faut : 1° afin de ne pas confondre les lignes d'opérations, projeter la section A'B' et ses divisions sur la verticale a b. Les deux points a et b déterminent le grand axe de l'ellipse; pour obtenir le petit axe, il suffit de prendre S", S du milieu de a b en m", m", et par les quatre points a, b, m" m", on fera passer une ellipse qui sera la section cherchée.

Section d'un cône droit par un plan parallèle à son axe, ou qui ne coupe pas sa génératrice; la section est une hyperbole (fig. 287).

Les deux projections horizontales et verticales étant données, le plan parallèle à l'axe du cône sera représenté par la ligne A' C' A' (fig. 285) et par la ligne C D (fig. 286). Si l'on divise ce plan en quatre parties égales, et que l'on mène des parallèles par les points 1", 2", 3", 4", ces diverses lignes viendront couper les génératrices du cône et détermineront des tranches 4'4", 3'3", 2' 2", 1' 1". Ces tranches en plan seront représentées par des cercles 1, 2, 3, 4. Si on abaisse verticalement sur le plan les points 3''', 2''', 1''', sur la circonférence A' B' ou base du cône, on déterminera des points S", S"', S^IV. Ces points joints au centre S de la circonférence A' B' détermineront avec la section C D des points F, G, H, qui serviront à déterminer le tracé géométrique de l'hyperbole : pour l'obtenir, il suffit de : 1° tracer la verticale A" C", parallèle au plan de section, puis prendre E C dans le plan, le porter de A" en B et en A'", puis prendre E H, le porter de A" en 1^IV et 1^IV ; prendre E G, le porter de A" en 2^IV et 2^IV ; enfin E F, que l'on porte de A" en 3^IV, et 3^IV et par tous les points B, 1^IV, 2^IV, 3^IV, C", 3', 2', 1', A", on trace la courbe de l'hyperbole cherchée.
La section d'un cône droit par un plan parallèle à la base est une parabole (fig. 288 et 289) que l'on obtient de la même manière qu'il vient d'être dit dans les figures qui précédent.

La section d'un cône droit perpendiculaire et parallèle au plan horizontal est une hyperbole.

(Fig. 292.) A' B' étant la trace du plan de section, cette section sera reproduite dans le plan vertical suivant sa véritable dimension géométrique.
Pour obtenir l'hyperbole qui limite cette section, il faut : 1° du centre S décrire divers cercles qui viennent couper la ligne A B, plan de section en divers points, e, e, e, e, 4, a, b, b, b, si on élève aussi ces points verticalement, ils viendront couper les génératrices du cône en des points e', e', e' e', a; si on mène de ces points des horizontales parallèles à la base du cône a' o' a', par exemple, ces lignes viendront rencontrer les verticales élevées des points de rencontre des cercles avec le plan de section et détermineront ainsi une suite d'intersections e', e', e', e', e', e', e", e", e", e", qui détermineront la trace de l'hyperbole cherchée.

Hélices, vis et serpentins.

On entend par *hélice cylindrique*, toute courbe qui est engendrée par un point assujetti à tourner sur la surface latérale d'un cylindre, et s'avançant constamment d'une quantité proportionnelle à l'espace parcouru par sa projection sur la base du cylindre; on appelle *pas de l'hélice*, la distance de deux positions consécutives du point mesuré sur la même génératrice.
Le résumé de cette définition est que, pour tracer une telle courbe, connaissant les deux projections du cylindre, la longueur et la hauteur du pas de l'hélice, il faut diviser la circonférence de sa base en un certain nombre de parties égales, en douze, par exemple (fig. 302), faire passer

par les points de division de la base les droites parallèles à l'axe, et par les divisions du pas des lignes perpendiculaires à cet axe; les rencontres respectives de ces lignes déterminent autant de points de la projection latérale de l'hélice.

Soient A et A A' (fig. 301 et 302), les projections verticale et horizontale d'un cylindre droit dont l'axe est projeté en A A' et 1, 1', la hauteur du pas de l'hélice est engendré par le point projeté.

La circonférence décrite avec le rayon A A, qui est la projection horizontale ou la base du cylindre, est divisée, ainsi qu'il vient d'être dit, en douze parties égales. De chacun de ces points de division sont élevées une suite de verticales; la hauteur du pas de l'hélice 11″ est également divisée en douze parties égales : de ces points tracez des horizontales et la rencontre de ces horizontales avec les verticales donnera une suite de points d'intersection, tels que 1, 2, 3, 4, 5, 6, 7, pour la courbe de devant, et 8, 9, 10, 11, 12, 1″ pour la courbe de derrière, et si l'on relie tous ces points par une ligne, on aura la courbe cherchée, en observant toutefois de passer à l'encre la première ou celle qui est devant, et d'indiquer la seconde, celle qui est derrière, par un pointué tel qu'on l'a indiqué dans les fig. 305 et 306.

Le développement d'une surface (fig. 303) s'obtient de la même manière; la première courbe 1 2 3 4 5 6 7 8 9 10 11 12 étant obtenue, on opère de la même manière sur la courbe $a\,b\,c\,d\,e\,f\,g\,h\,i\,k$. Cette courbe fait intersection à un point de commun d, k, d, et détermine avec la première une surface de révolution engendrée par deux points fixes tournant sur la surface latérale d'un cylindre.

Cela posé, les fig. 312 et 313, qui ne sont que l'application de ce principe, n'ont pas besoin d'explication, les opérations graphiques, d'ailleurs, étant à l'appui pour les construire. Les fig. 305 et 307 sont aussi des applications de ce principe; on conçoit également que pour déterminer le tracé d'un serpentin (fig. 309 ou 313), il suffit tout simplement de tracer la courbe représentant l'axe du serpentin par l'intersection des points 1, 2, 3, 4, 5, 6, 7, 8, 9, 10, 11, 12 avec les horizontales et de tous ces points comme centre, avec une ouverture de compas égale à A 5' ou 5', décrire autant de circonférences si on mène par toutes ces circonférences une ligne courbe qui leur soit tangente, on aura déterminé les deux génératrices du serpentin.

DES VIS

Les vis employées dans les arts mécaniques, soit comme pression, soit comme organe mobile, sont de deux sortes : les vis sont à filets triangulaires, carrés ou arrondis.

Une vis est à filets triangulaires, lorsqu'elle est engendrée par un triangle isocèle dont les sommets décrivent des hélices autour d'un axe ou d'un cylindre, l'axe donné étant dans le même plan que le triangle.

C'est ainsi, par exemple, que les fig. 320 et 321 représentent les projections d'une vis à filet triangulaire, laquelle est engendrée par le triangle $a\,1'\,a$ (fig. 320), dont l'un des sommets 1' est situé sur un cylindre représenté en plan, et ayant pour rayon 01, 02, 03, etc.; et dont les deux autres sommets appartiennent à un même cylindre intérieur ayant pour rayon $o\,a$, $o\,h$, $o\,g$; et que l'on nomme *noyau* de la vis, la différence de ces deux rayons $o\,1$ et $o\,a$ indique la profondeur du filet $a\,1'\,a$.

Pour obtenir le tracé d'une vis à filets triangulaires, il suffit simplement de déterminer le tracé des hélices engendrées par chacun des angles $a\,1'\,a$ du triangle comme il a été dit (fig. 301), et les relier par les droites $a\,1'$, $1'\,a$ et $a\,1''$; ainsi de suite. Un filet étant obtenu, il suffit de le représenter autant de fois que l'on veut obtenir de filets sur toute la longueur de la vis.

On appelle *vis à filet carré* toute section de ce filet perpendiculaire à la spirale directrice faite par un carré. Ainsi les fig. 325, 326 sont les projections d'une vis à filets carrés.

On nomme *filets*, les creux ou les reliefs formés autour d'un cylindre par un triangle ou un carré en relief ou en creux, qui s'avance le long de l'hélice, en conservant toujours la figure génératrice dans une même position, par rapport au contour de cette hélice, et par rapport à la direction de l'axe du cylindre.

On appelle *vis*, le cylindre qui porte le filet sur sa surface convexe; réciproquement, *l'écrou* dans lequel s'emboîte la vis n'est autre chose qu'un cylindre creux, ayant un filet taillé en spirale, soit triangulaire, soit rectangulaire dans sa surface concave; telles sont les fig. 322 et 323, qui sont les deux écrous des deux vis (fig. 320 et 325).

Parmi les spirales, les unes sont tournées à droite, les autres tournées à gauche.

Les montées des vis se font de gauche à droite, tandis que celles des écrous se font, au contraire, de droite à gauche.

Les figures qui composent les pl. 20, 21, 22, n'ont pas besoin d'explication, si l'on veut prendre la peine de suivre avec soin les opérations indiquées sur les planches pour obtenir le tracé des figures qui le composent. Les figures, depuis le n° 362 jusqu'au n° 379, qui sont deux projections dites de 3/4, s'expliquent assez d'elles-mêmes, par leurs opérations graphiques, pour que de plus amples détails soient inutiles; seulement, pour les fig. 380 à 383, qui représentent en plans et en élévations les projections orthogonales et de 3/4 d'une roue d'engrenage, nous dirons comment il faut procéder : on commence par faire le tracé de la roue sur le plan (fig. 380), que l'on divise en quarante parties égales, les dents et entre-dents devant être égaux ; cette projection obtenue, on abaisse de tous les points visibles de ces dents et entre-dents des verticales qui déterminent la projection (fig. 381). Ceci obtenu, vous construisez la même figure, en ayant soin de l'incliner telle qu'elle est indiquée n° 383. Cette figure obtenue, vous projetez les lign. hh, gg, ff, ee, $e'e'$, dd', BB', kl, et comme toutes ces lignes représentent des diamètres de cylindres inclinés n'étant pas, par conséquent, parallèles aux deux plans de projection, il s'ensuit que ces projections sur le plan vertical seront des ellipses (*voir* fig. 370, 371, 372 et 373). Toutes ces ellipses obtenues, on projette verticalement toutes les dents de la fig. 383, puis on mène de tous les points correspondants (fig. 380) des horizontales, ces lignes viennent rencontrer les verticales déjà tracées et déterminent des intersections par lesquelles on fait passer le tracé des dents, ce qui termine le tracé de la projection verticale de 3/4. Ainsi, par exemple, pour ne nous occuper que de la projection d'une dent, celle du milieu, on mène les verticales 1, 2, 3, 4 (fig. 383) en 1″, 2″, 3″, 4″ (fig. 382). On cherche la dent correspondante (fig. 380) et si des points 1′, 2′, 3′, 4′, [on mène des horizontales, elles viendront rencontrer les verticales menées de la fig. 383 en des points 1″, 2″, 3″, 4″, par lesquels on fait passer le tracé de la dent en projection de 3/4; les autres s'obtiennent de la même manière, mais toutes ces opérations demandent beaucoup de soins et de précision dans les opérations de tracé, comme dans celles des projections, soit orthogonales, soit de 3/4.

(Pl. 22) Il est facile de comprendre que dans toutes les figures qui composent cette planche, il faut indispensablement procéder au tracé de la projection horizontale pour ensuite obtenir le tracé de celle verticale, à cause de la déclivité, soit des cannelures, soit des bossages. En effet, ces bossages, ces cannelures étant de même dimension, de même espacement sur la colonne ou sur le vase où ils sont figurés, il n'y a que la projection de tous ces points en élévation qui peut donner la vraie dimension géométrique de ces divers ornements. Ainsi donc, pour ne nous occuper ici que des deux projections du vase (fig. 352 et 353), nous disons les ornements ou feuilles d'eau étant tracés en plan (fig. 353), si l'on trace les tranches par des cercles 1, 2, 3, 4, 5, ces tranches seront représentées en élévation par les horizontales 1′, 2′, 3′, 4′, 5′, et si de tous les points 2, 3, 12, 5 et 6, pour ne parler que d'une feuille d'eau dans le plan, on élève des perpendiculaires sur les tranches correspondantes, on aura ces points 2′, 3′, 12′, 5′ et 6′, par lesquels on fera passer le tracé de la feuille d'eau ; on opérera de même pour les autres feuilles, seulement, pour diminuer les opérations, on se contentera d'en déterminer la moitié, que l'on reportera ensuite sur l'autre partie du vase.

Il est facile de comprendre que ce que l'on vient de faire pour le tracé des feuilles d'eau devra être employé pour le tracé des cannelures comme pour le tracé des bossages.

Dans ce *Traité*, nous avons résumé, à peu de chose près, toutes les figures principales, disons aussi les plus importantes, avec le secours desquelles il sera facile à l'élève qui les aura suivies, avec aptitude, de retracer toutes les autres ; la pratique fera le reste.

C'est donc à l'élève à se bien familiariser avec les principes généraux de projections, à en faire le plus qu'il pourra des applications ; c'est alors qu'il se rendra compte des résultats immenses que l'on peut retirer des connaissances de cette science, sans lesquelles connaissances il n'y a pas de dessinateur possible. Car, sans ces connaissances, non plus, il ne pourra acquérir celle de la théorie des ombres, cette dernière n'étant elle-même qu'une application de celle des projections.

Nous allons donc passer à l'étude de la théorie des ombres.

DES OMBRES

Art. 1er. — Définitions, principes généraux,

L'OMBRE est la privation de lumière.
Il y a ombre là où la lumière est interceptée.
Il y a deux espèces d'ombre, l'OMBRE PROPRE et l'OMBRE PORTÉE.

De la direction des rayons de lumière.

Lorsque le soleil éclaire les objets qui nous environnent, ses rayons, sensiblement parallèles entre eux, et émanés en ligne droite, ne frappent qu'une partie de la surface des corps ; l'autre partie de cette surface, hors de l'effet de la lumière directe, n'est visible que par l'effet de la lumière réfléchie. La partie d'un corps ainsi soumise à la lumière, est dite ÉCLAIRÉE, l'autre partie qui lui est opposée, est dite dans l'*ombre*, et se nomme OMBRE PROPRE d'un corps.

Il y a donc la lumière DIRECTE et la lumière RÉFLÉCHIE.
Elle est DIRECTE, quand elle émane directement du corps lumineux.
Elle est RÉFLÉCHIE, quand elle est reproduite par un autre corps ; la lumière du soleil est directe, celle de la lune est réfléchie.

De la hauteur du soleil par rapport aux corps éclairés de ses rayons.

Lorsque les jours sont égaux aux nuits, le soleil semble décrire autour de notre hémisphère un demi-cercle que l'on divise en 180 degrés. Si ce demi-cercle, ayant son centre au centre de notre hémisphère, était en même temps perpendiculaire à notre horizon, la lumière, au milieu du jour, tomberait à plomb sur nos têtes, et un bâton planté verticalement ne projetterait d'ombre d'aucun côté.

Mais, pour nos climats, le chemin que parcourt le soleil n'est jamais dans le cercle perpendiculaire à notre horizon, et, à midi, suivant les saisons, c'est-à-dire suivant que le cours du soleil est plus ou moins éloigné de ce grand cercle, un bâton vertical, projette sur la terre une ombre plus ou moins allongée.

On est convenu, pour ombrer les dessins, d'exprimer les effets de la lumière, dans l'hypothèse où les rayons forment avec l'horizon un angle de 45° en projection verticale, et le même angle de 45° avec les lignes de front, en projection horizontale.

Il en résulte que les ombres portées en plan et en élévation sont égales aux saillies des surfaces verticales et horizontales qui portent ces ombres, ce qui peut indiquer la mesure géométrique des saillies sans le secours des profils des corps ou corniches portant ombre (fig. 385 et 386).

Toutefois, il est indispensable que les faces soient perpendiculaires entre elles, et que les images soient projetées parallèlement à ces faces.

Alors le soleil est à 35° 16′ environ au-dessus de l'horizon, c'est-à-dire que si l'on mesure la longueur de l'ombre portée par un bâton vertical AC sur un plan horizontal, ou réciproquement, par un bâton horizontal sur un plan vertical, cette longueur sera égale à la diagonale d'un cube, dont les arêtes seraient égales à la longueur du bâton AC, ce qui est exprimé par la fig. 384. On suppose que la ligne AC représente un bâton planté verticalement; en prenant cette ligne pour l'élément d'un cube ou l'un des côtés de ce cube représenté par les six faces de cette figure, si du point A au point F on mène la diagonale AF, qui, dans l'hypothèse adoptée, devra représenter la portion du rayon de lumière comprise entre le sommet du bâton et l'extrémité de son ombre portée sur un plan horizontal, et qu'ensuite on exprime sur chacune des faces du cube la projection de cette portion de rayon, il s'ensuivra que, toutes les faces étant carrées, les projections de la diagonale du cube sur ces carrés en seront aussi les diagonales, et formeront ainsi, avec les côtés de ces carrés, des angles de 45°.

Cette convention adoptée d'éclairer les dessins suivant une direction de lumière formant avec l'horizon un angle de 45°, on peut en déduire nécessairement ce moyen pratique, que, cette direction n'étant autre que la diagonale du carré, il suffit de faire glisser son équerre dans les deux projections par tous les points correspondants, tracer des lignes à 45° indéfinies. Ces lignes viennent rencontrer la ligne de terre en des points; si on les projette verticalement, ces lignes détermineront, par leur intersection avec leurs correspondantes, une suite de points par lesquels on fera passer la limite de l'ombre portée fig. 385 à 388. Pour bien comprendre ce qui vient d'être dit, il ne faut jamais perdre de vue, que, toutes les lignes qui émanent du rayon visuel, dans les deux projections, sont les mêmes, quoique renversées; et cela se conçoit, les projections d'ombre n'étant autre que la projection d'une droite menée en ligne droite et parallèlement à elle-même, elle doit subir la même transformation que la projection elle-même. En effet, en faisant la projection verticale d'un corps, ne fait-on pas par la pensée le renversement de cet objet, par conséquent, il faut aussi faire faire au rayon de lumière le même renversement, c'est-à-dire que la direction de lumière E 2, en projection horizontale, sera la même que celle E′ 2, en projection verticale; et, en effet, si par la pensée on fait le renversement de ce rayon de lumière, ce qui s'obtient en faisant tourner autour de la ligne de terre LT, comme charnière, le point E tombera en E′, le point 2, commun aux deux projections et situé sur la ligne de terre, ne bougera pas, et la ligne E 2 couvrira parfaitement la ligne E′ 2, ce qu'il fallait prouver (fig. 387 et 388).

Il résulte encore de l'adoption de la direction du rayon de lumière à 45°, ce double avantage :

1° Que cette direction, n'étant autre que la diagonale de l'équerre, il suffit, pour déterminer les ombres, de faire glisser l'équerre sur la règle et de projeter tous les points portant ombre suivant sa diagonale, ce qui simplifie de beaucoup les opérations.

2° C'est que, à l'inspection d'un dessin dont le profil n'existerait pas, il serait facile par le tracé des ombres de connaître les saillies au moyen de l'échelle du plan, car on sait que les ombres sont égales aux saillies.

Nous avons dit que les opérations sur les projections d'ombre se réduisaient à trouver *les points de contact d'une droite qui, parallèlement à elle-même, glisse sur une surface donnée*; nous ajouterons qu'elles consistent encore à trouver *les points de pénétration de cette droite sur une surface quelconque*.

L'ensemble des points de contact de cette droite sur un plan, une droite, un solide, en détermine l'ombre propre; et cette droite, en glissant sur les objets, trace dans l'espace une ligne, un plan, un prisme ou un cylindre, dont les sections déterminent les ombres portées de ces corps, ce qui est facile à comprendre, si on n'a pas oublié ce qui a été dit sur les projections.

Ombre propre d'un cylindre.

Pour tracer l'ombre propre des 3 cylindres représentés en plan (fig. 390) par les arêtes ACE, il suffit tout simplement de mener une tangente 1, 2, 3, à chacun des cercles, ou, ce qui vaut mieux encore, mener une droite à 45° passant par le centre; cette droite viendra couper les cercles aux points 1, 2, 3, qui, projetés verticalement, détermineront les arêtes de lumière comme les points 1′ 2′ 3′ obtenus aussi par cette pénétration, donneront, étant projetés, les arêtes d'ombre (fig. 389).

Pour avoir l'ombre portée sur le plan de ces cylindres l'un sur l'autre, il suffit, comme la figure l'indique, de mener parallèlement à 1, 1′, ou parallèlement au rayon de lumière, des droites tangentes à chacun des cercles. L'ombre portée du cercle C se termine à la limite du cercle A, et celle du cylindre e se fond avec la première. Les fig. 393, 394, indiquent une application de ce que nous venons de dire; seulement il est à remarquer que nous n'avons opéré ainsi que parce que les cylindres dont nous avons déterminé les ombres sont parallèles aux deux plans de projection. Supposons un cylindre incliné au plan horizontal et au plan vertical (fig. 395), dont on cherche l'ombre propre : il faut 1° faire le renversement du cylindre, ou si on aime mieux sa projection, de telle sorte que son axe soit perpendiculaire au plan vertical; on aura alors MEHLKC pour la projection horizontale du cylindre, et ML pour la projection du rayon de lumière; 2° projetez verticalement ou parallèlement à l'axe du cylindre ou de ses deux génératrices, les deux points ML de la ligne ML, rayon de lumière qui coupe la droite à ces deux points, vous aurez ainsi déterminé sur le plan vertical les lignes *g h′* pour l'arête de lumière, et *fi′* pour l'arête d'ombre. L'ombre dans le plan s'explique d'elle-même, il suffit d'abaisser les points *h′ g* sur le plan, ces droites viennent couper les ellipses en des points g', h'; qui, joints par la droite $g'h'$ détermineront l'arête d'ombre comme les points i', f', abaissés verticalement viendront couper les ellipses aux points i, f', et la ligne if' sera l'arête de lumière.

(Fig. 391 et 392.) Enfin, si le cylindre est dans une position quelconque, mais dans une position identique dans les deux projections, il suffit, pour obtenir leur ombre propre :

1° A l'extrémité de l'axe de ces cylindres cc', comme centre avec un rayon égal à la moitié du diamètre du cylindre, de décrire deux sphères;

2° Chercher l'ombre propre de la sphère, ainsi qu'il est dit, fig. 443 et 444; et les intersections de cette ombre avec la base des cylindres, donneront les points $1'$, $1''$, $1'$, 2; pour l'arête de lumière connue, aussi on obtiendra les points $2'$, $2''$; 1, $2'$ pour les arêtes d'ombre dans les deux projections.

Détermination de l'ombre propre d'une sphère sur quatre projections différentes.

Soit A, l'ombre en projection horizontale de front, dont on se propose de déterminer l'ombre propre; après avoir inscrit cette sphère dans un cube B E F D, si on mène la diagonale B F, on aura la direction du rayon de lumière. Si perpendiculairement à ce rayon de lumière, on projette le cube B E F D, on aura le cube A B G D (fig. B), ou *projection de la sphère, en projection parallèle à la direction de la lumière.*

Si l'on veut bien se rappeler ce que nous avons dit qu'une sphère exposée à l'effet des rayons parallèles du soleil, a l'une de ses moitiés éclairées, et l'autre dans l'ombre, et ayant bien conçu que les rayons qui éclairent un hémisphère, composent un faisceau cylindrique, dont la base, perpendiculaire à l'axe du cylindre est égal à l'un des grands cercles de la sphère, on concevra encore que les rayons superficiels du faisceau cylindrique seront tangents à la sphère, en des points de sa surface qui détermineront la circonférence d'un grand cercle parallèle à la base du cylindre, et lui-même perpendiculaire à l'axe de ce cylindre; et que, si on cherche la projection de ce grand cercle, sur une surface perpendiculaire à son plan, ou ce qui est la même chose, une surface verticale, parallèle à l'axe du cylindre, cette projection sera une ligne droite égale au diamètre du grand cercle.

D'où il faut conclure que, dans la projection B de la fig. 399, la partie éclairée de la sphère sera séparée de la partie d'ombre par une ligne droite $b' b''$ égale au diamètre de la sphère et perpendiculaire au rayon de lumière A D.

Cette première projection des limites de l'ombre propre d'une sphère va fournir les moyens de tracer les limites de cette ombre pour les autres projections.

(A) Ombre de la sphère en projection horizontale.

Pour obtenir l'expression horizontale du grand cercle représenté verticalement par la ligne droite $b' b''$, il faut couper les deux projections (A) et (B) par des plans horizontaux, qui seront exprimés en B par les droites 0, 1, 2, 0', 2'', etc., et en (A) par les cercles 0, 1, 2, etc., puis, abaisser sur les cercles, des lignes à plomb de tous les points de rencontre des lignes droites avec la projection verticale $b' b''$ de l'ombre de la sphère.

Ainsi, le point a' de rencontre de cette ombre verticale avec la tranche $o o'$ de cette projection sera abaissé sur la circonférence o, projection horizontale de cette tranche, et coupera cette circonférence en deux points a', a, qui appartiendront à la projection horizontale de la limite de l'ombre; de même, des points b, b' de rencontre de l'ombre verticale avec la tranche $2 2''$, si on abaisse sur la circonférence correspondante à cette tranche, la ligne $2, 2$, cette ligne rencontrera la circonférence en un point b, qui appartiendra à la projection horizontale de la limite de l'ombre de la sphère. On déterminera de la même manière les autres points intermédiaires avec lesquels on trace la limite elliptique $2 c a' c''$, $2 c'' a c''$ de la sphère en projection horizontale.

(C) Ombre de la sphère en projection verticale de front.

Pour obtenir la limite de l'ombre de cette projection, il faut mener sur l'image verticale (C) de la sphère des tranches horizontales semblables à celles de la projection verticale (B); ces lignes seront également les images des expressions circulaires des tranches de la sphère de la projection (A).

Alors, si des points d'intersection du cercle avec l'expression de la limite de l'ombre en projection horizontale, on élève des lignes qui aillent couper les tranches correspondantes de la projection verticale (C), les intersections de ces lignes donneront autant de points d'une nouvelle courbe elliptique, que nous verrons bientôt être égale et semblable à celle de l'ombre en projection horizontale, et dont, comme de celle-ci, une moitié seulement sera visible et l'autre moitié invisible.

(D) Ombre de la sphère en projection verticale, perpendiculaire à la projection horizontale du rayon de lumière.

On obtiendra encore la limite de l'ombre sur cette projection, en traçant sur l'image (D) de la sphère, comme sur les deux projections B, C, des tranches semblables à ces deux projections verticales, et reportant sur ces lignes, comme il vient d'être fait, les intersections des cercles et de la courbe de la projection horizontale.

Mais, quand on n'a qu'une sphère dont on cherche la limite d'ombre propre, il n'est pas nécessaire de faire toutes les opérations de projections dont nous venons de parler; il suffit pour cela (fig. 443 et 444) de : 1° inscrire la sphère dans un cube; 2° la circonscrire dans un cube, ce qui s'obtient par les diagonales du cube circonscrit; 3° tracer la ligne à 35°, ce qui s'obtient en joignant par une ligne A B les deux angles i du carré inscrit avec l'angle a du carré circonscrit;

4° élever sur AD une perpendiculaire cE, passant par le centre de la sphère. Cette perpendiculaire vient couper la sphère en deux points c, E; si on rabat les points c et E parallèlement au rayon de lumière, on déterminera ainsi les deux points g, h. Les points i, k étant communs, on a donc quatre points connus de la courbe elliptique ou de la trace de l'ombre. Mais si on veut bien considérer que le carré inscrit détermine encore quatre points d'ombre o, p, q, r, il sera facile par ces huit points de tracer la courbe d'ombre cherchée.

Ombre propre de la surface concave d'une demi-sphère dans ses deux projections.

(Fig. 400 et 401.) Soit la fig. 401, la projection horizontale d'une demi-sphère creuse, et la fig. 400, la projection verticale parallèle à la direction de lumière dont BL et B′L′ expriment un rayon sur l'une et l'autre projection.

Si l'on divise cette demi-sphère en un certain nombre quelconque de tranches verticales parallèles à la direction de la lumière, les droites BL′, 11′, 22″, etc., exprimeront dans la projection horizontale les divisions de ces tranches, qui, en projection verticale, seront exprimées par les demi-circonférences concentriques correspondantes BLA, 1 1′4, 2, 2′ 3.

Alors, si des points B, 1, 2, etc., de l'arête supérieure on mène des parallèles à BL, ces lignes rencontreront les demi-circonférences en des points 2′, 1′, L, qui appartiendront à la limite de l'ombre cherchée, et qui, réunies ensemble avec le point de tangente c, formeront une ligne droite, qui, avec la portion de la demi-circonférence BL, complétera l'apparence de l'ombre sur cette projection.

Connaissant l'ombre en projection verticale, il est facile de déterminer celle de la projection horizontale, car il suffira pour cela d'abaisser les points c, 1′ 2′, L, des cercles B, 1, 2, etc., sur les droites correspondantes en projection horizontale; on obtiendra ainsi la limite de cette ombre, laquelle sera une ellipse, puisque la ligne droite C L, expression de l'ombre en projection verticale, peut être considérée comme la section d'une sphère par un plan, section dont l'image est toujours ou un cercle, ou une ligne droite, ou une ellipse.

Ombre d'un prisme creux.

(Fig. 402 et 403.) L'ombre de la verticale A A″ A′ est A C; celle de l'horizontale A B — A′ est $cd — d'$ A′, et celle de A B — A′ A″ est ce; ainsi on a ecd pour limite de l'ombre cherchée en projection horizontale, et d'A′ pour celle de la projection verticale. Les plans d'ombre menés par les droites A B, cd, donnent évidemment ce résultat.

L'ombre portée de ce prisme dans les deux plans de projection s'obtiendra de la même manière; il suffira de chercher les ombres portées des arêtes B — A′ A″, B B′ — A′ A″, B A″ A‴.

Ombre d'un cylindre creux.

(Fig. 406 et 407.) L'ombre du cercle 2′ A 4 4′ — A′ B′, sur le plan de la base inférieure du cylindre, donne l'arc 2′ 3′ 4′, décrit du point c' comme centre, avec c' 2, ou c' 4′ pour rayon, ensuite les plans tangents au cylindre, menés dans la direction du rayon de lumière, déterminent son ombre propre 6 — 6′ 6″, 3 — 3′ 3″. Pour avoir l'ombre intérieure, menez toujours dans la direction du rayon de lumière, des plans verticaux qui couperont le cylindre suivant ses génératrices 1 — 1′ 1″, 1′ 1″ 1‴, A A′ A″, 2′ — 2″ C′;... et les rayons de lumière menés par les points 1 — 1′, A — A′, donneront la courbe 3′ 1″ 2″ 4′ 5″ 6′ qui est une partie d'ellipse.

Ombre d'une niche (ou demi-cercle creux) ouvert.

(Fig. 408 et 409.) Comme dans la figure qui précède, tracez l'ombre du demi-cylindre creux; soient donc A 2 2′ B — A′ A″, B B′ B″ les projections d'un demi-cylindre creux, la tangente menée à la courbe A′ 2″ 3″, dans la direction du rayon de lumière, ou, si on aime mieux, la perpendiculaire 2 3 au rayon de lumière en projection horizontale détermine le point 2 — 2′ qui est celui où commence l'ombre portée de l'arc A 1 2 sur le demi-cylindre. Menez ensuite des plans verticaux dans la direction du rayon de lumière qui couperont le cylindre suivant ses génératrices A — A′ A″, 2′ — 2″ 2‴, 1 — 1′ 1″, 1 — 1″ 1‴... et les rayons de lumière A 2″, 1′ 1″ situés dans ces plans, perceront le cylindre aux points 2′ — 2″, 1′ — 1″... qui détermineront la courbe 2′ 1″ 2″.

Ombre d'une niche ou d'un demi-cylindre creux, fermé par un plan horizontal.

Soient (fig. 410 et 411) les projections verticales et horizontales d'un cylindre creux fermé par un plan horizontal, terminé antérieurement par le diamètre A′ B′, dont on veut chercher l'ombre portée par ce diamètre. Pour cela, menez dans le plan une suite de tranches ou de rayons dd', ee', ff', gg', puis projetez les expressions verticales sur le plan vertical, et la courbe 1″ 2″ 3″ 4″ 5″ 6″ B′ passant par les extrémités de ces rayons, serait un quart de cercle, dont le centre est au point 4′, et dont le rayon est égal à celui du cylindre.

Ombre d'une niche ou demi-sphère creuse.

Si maintenant on suppose le demi-cylindre creux fermé sur son diamètre par une surface verticale percée d'un trou circulaire par lequel la lumière pénètre dans le cylindre, on obtiendra l'expression 1′ 2′ 3′ 4′ 1‴ 2‴ 3‴ 4‴ 5‴ 6‴ 7″ 6″ 5″ 4″ 3″ 2″. De la portion éclairée de la surface cylindrique, en déterminant verticalement les expressions 1′ 1″, 2′ 2″, 3′ 3″, etc., des rayons de lumière correspondants de la projection horizontale.

La courbe qui résultera de cette opération, ne sera ni un cercle, ni une ellipse, mais sa régularité sera suffisamment vérifiée, si, considérant le quart 5′ 5‴ de la circonférence 1′ 5′ 5‴ comme l'un des axes de cette courbe et comparant cet axe au diamètre 1′ 5‴ de ce cercle, on observe que les verticales ou ordonnées $2'2''$, $3'3''$, $4'4''$, etc., sont égales à leurs correspondantes dans le cercle, dont la courbe trouvée n'est qu'une image.

Maintenant, si cessant de considérer le cylindre creux dans cette figure, on n'y voit le cercle $1'5'5'''$, que comme l'expression d'une demi-sphère creuse et que l'on en détermine l'ombre comme on l'a fait pour la figure 401, on obtiendra l'ellipse $7'7''3'3''$, dont le grand axe sera égal au diamètre du cercle $1'5'5'''$. Cette dernière courbe elliptique est tangente à la première et ces deux courbes tangentes entre elles, le sont sur le diamètre horizontal de la demi-sphère, et si supprimant la moitié inférieure de cette demi-sphère, on la remplace par le cylindre creux, on formera une niche ou une cannelure de colonne ou de pilastre, dont l'ombre sera déterminée par une portion de l'ombre d'une sphère creuse, par une portion de celle d'une circonférence sur la surface concave d'un cylindre creux, et par l'ombre droite de ce même cylindre.

Enfin, si renversant cette figure, ou ce qui est la même chose, si, ne considérant plus que la moitié inférieure de la demi-sphère creuse, et une portion de cylindre creux en dessus, on ne voit dans cette figure que la partie inférieure d'une cannelure, son ombre, comme on le voit, sera déterminée par une portion de celle de la sphère creuse, une portion de celle d'une ellipse dont le tracé s'obtient par la projection du rayon de lumière A 1 1', en projection horizontale, laquelle projection donne les quatre points $1'$, $1''$, $9''$, $9'$, par lesquels on fait passer une ellipse, enfin l'ombre se termine par l'ombre droite du cylindre creux.

Il est facile de voir que l'ellipse $1'1''9''9''$ est l'expression verticale de la base A 1 1', d'une tranche A 1 2''1', de la demi-sphère dont la fig. 411 est la projection horizontale; qu'ainsi le grand axe de cette ellipse est égal à A 1 1', et le petit axe égal au rayon de la demi-sphère, ou ce qui est la même chose, à la projection verticale A 1 1' sur le diamètre $1'1''5'''$ de la demi-sphère $1'5'5'''$.

Ombre d'un cône dans les deux projections.

Il est clair que les deux plans tangents au cône, menés parallèlement au rayon de lumière détermineront par leurs droites de contact, l'ombre propre de ce corps; et, par leurs traces sur le plan horizontal, les limites de son ombre portée.

Or, ces deux plans se coupent évidemment suivant le rayon de lumière mené par le sommet du cône et sont tangents à sa base; en conséquence, comme le rayon de lumière mené par S S' perce le plan horizontal au point S'', il s'ensuit que les tangentes $s''c$, $s'a$ menées de ce point à la base du cône sont les traces des plans d'ombre qui déterminent en plan l'ombre portée, et par leurs points de contact les arêtes de l'ombre propre, telles que sc et sa.

Dans cette figure, comme on le voit, le rayon de lumière mené par le sommet du cône perce le plan vertical au point S''' avant que d'avoir rencontré le plan horizontal; c'est donc à ce point que se trouve l'ombre portée du sommet du cône. Mais, les points s''', a', étant communs aux deux plans de projection, si on y joint le point S''', sommet du cône aux points s''', a', on aura ainsi déterminé l'ombre portée en projection verticale. L'ombre propre du cône s'obtiendra en projetant verticalement les points de contact a et c des arêtes d'ombre sc, sa sur la ligne de terre ou sur la base du cône, et joignant ces points au sommet, on aura donc $c's'$ pour l'arête de clair et $a's'$ pour l'arête d'ombre.

On obtiendra l'ombre d'un cône renversé de la même manière (fig. 414 et 415).

En raisonnant comme précédemment, le rayon de lumière $ps - p's'$ perce le plan de la base du cône au point $p - p'$; et les tangentes $p'q' - p'o'$ déterminent les génératrices limites $q's'$, $o's'$ de l'ombre propre du cône projeté verticalement; ce qui donne qs, os horizontalement.

La projection horizontale du cône étant supprimée, seulement pour avoir son ombre, rabattez-le, ainsi que le rayon de lumière sur le plan horizontal. Le cône sera projeté alors suivant $b''q'' - o''s''$, et le rayon de lumière prendra la position $p''p'$. Opérant ensuite comme nous l'avons fait (fig. 416 et 417), on obtiendra $os - o''s''$, $qs - q''s''$ pour l'ombre propre du cône.

Enfin, si le cône est donné dans une position quelconque (fig. 419 et 420), projetez-le avec le rayon de lumière sur un plan vertical parallèle à son axe; la trace de ce plan sera dt parallèle à D T (fig. ci-contre 418); les projections du rayon de lumière, sur le plan horizontal et sur le plan auxiliaire, seront $vs - v''s''$, respectivement parallèles à R L — V S'; et comme le rayon de lumière perce le plan de la base du cône au point $v'' - v$, les tangentes $v1 - v2$, menées de ce point à la base du cône, donnent les points 1 et 2, qui déterminent les droites de contact $1s - 1''s'$, $2s - 2''s''$, et par suite, $1' - 2's'$. Mais le point v doit se trouver sur la perpendiculaire vv' à la ligne de terre et sur le rayon de lumière $v's'$ mené par le sommet du cône projeté verticalement; il se trouve donc au point v, qui est celui où les plans tangents d'ombre, menés dans la direction du rayon de lumière, doivent se couper sur le plan de sa base. Donc, si du point v' on mène les tangentes $v'1'$, $v'z'$, on aura $1's'$, $z's'$, pour l'ombre du cône. Cette opération vérifie la première.

Il est clair, en effet, que les points $v's'$, $1's'$ sont élevés au-dessus de la ligne de terre autant que leurs correspondants $v''s''$, $1''s''$ le sont au-dessus de dt.

Si l'on voulait obtenir l'ombre portée de ce cône sur les deux plans de projection, il faudrait chercher l'ombre de la base, et celle du sommet de ce cône sur les deux plans, et mener les tangentes de l'ombre du sommet à celle de sa base, comme on l'a vu fig. 417.

Détermination de l'ombre propre d'une surface annulaire, ou d'un anneau en projection horizontale et d'un tore en projection verticale.

Soient (fig. 422 et 423) les deux projections d'un anneau dont l'image verticale est semblable à celle d'un tore.

Si parallèlement à la direction du rayon de lumière, on mène des tangentes aux extrémités

— 14 —

intérieures et extérieures de l'anneau, on aura ainsi déterminé quatre points d'ombre de la surface annulaire, savoir : I, N, pour les deux points d'ombre extérieure et H, G, pour les deux points intérieurs de l'anneau; mais si on considère l'anneau comme un cylindre arrondi, et si on connaissait ce point d'ombre et de lumière, tant intérieurement qu'extérieurement, il serait très-facile de déterminer cette courbe d'ombre et de lumière qui passerait par trois points; en effet, connaissant les deux points I, N de l'ombre extérieure, quand on aura obtenu les points e de l'ombre intérieure et 5 de l'ombre extérieure, il suffira avec une ouverture de compas égale au diamètre extérieur de l'anneau, de décrire un arc de cercle qui passera par les trois points I, $5'$, N pour l'arête d'ombre et un même arc de cercle passant par les points I, $5'$, N pour l'arête de lumière. On conçoit que si connaissant le point 5 de l'ombre extérieure, on le porte en c, et que par les trois points H, e', G et H, c, G, avec cH ou cG pour rayon, on décrit deux arcs de cercle passant par ces points, on aura ainsi déterminé la courbe $H c' c G$ pour l'arête d'ombre et $H c' G$ pour l'arête de lumière intérieures.

Il s'agit donc de déterminer ce troisième point d'ombre cherché, 5.

Si l'on veut bien se rappeler ce qui a été dit pour trouver l'ombre propre de la sphère, il sera facile de trouver, non-seulement ce point, mais, encore de la même manière, une suite de points par lesquels on fera passer la limite de l'ombre propre de l'anneau. En effet, si l'on partage l'anneau en une suite de plans coupants ou par une suite de rayons, tels que A B, A' B', R L, I N, ces rayons coupant l'anneau détermineront autant de sections qui seront représentées par autant de cercles, et si l'on considère ces cercles comme autant de sphères, il n'y aura plus qu'à chercher les points d'ombre de chacune de ces sphères par lesquels on fera passer la courbe d'ombre. Nous allons donc nous occuper, comme exemple, de chercher les points d'ombre et de lumière de la courbe intérieure et extérieure des cercles tracés par la section faite par le rayon de lumière. Si on cherche le rayon perpendiculaire au rayon de lumière R L, on trouve le rayon I N, qui donne le point I comme point du cercle circonscrit au grand cercle de l'anneau. Si de ce point on mène une ligne à 35° jusqu'en M qui est le point d'angle du grand cercle circonscrit de l'anneau, on aura $1 M$ pour rayon de lumière. Mais si maintenant, comme nous l'avons dit à la sphère, on élève une perpendiculaire et qu'on la fasse passer par le centre des deux cercles de la section faite par le rayon de lumière R L, ces perpendiculaires couperont le cercle ou la section en deux points. Si maintenant on rabat ces points perpendiculairement au rayon de lumière, on aura déterminé sur le plan coupant, qui ici est le rayon de lumière lui-même, deux points c', 5 et $5'$, c, ce que l'on cherchait. On conçoit qu'en opérant ainsi pour chacun des plans coupants sur A B, par exemple, on obtiendra encore deux autres points t et 3, appartenant à la courbe d'ombre et de lumière cherchée. C'est ainsi qu'on obtiendrait tous les points d'ombre 1, 2, 3, 4, 5, 6, 7, 8, 9 et H, a, b, c, d, e, f, g, h.

Connaissant l'ombre propre en projection horizontale, il sera facile d'en déduire l'ombre en projection verticale. Il suffira de rabattre tous les points d'ombre 9, 8, 7, 6, 5, 4, 3, 2, 1, sur le rayon A B, ce qui s'obtiendra en prenant du point C comme centre des mesures $C 9$, $C 8$, $C 7$, $C 6$, $C 5$, etc., puis projetez ces points obtenus sur ce rayon A B, ces lignes viendront couper le tore en élévation en deux points comme A', B' et de tous ces points menez des parallèles horizontales. Enfin de tous les points d'ombre, tant de courbe intérieure qu'extérieure, mener des verticales qui viendront couper les horizontales en des points par lesquels on fera passer la courbe cherchée.

Telle est la théorie que nous devions exposer ici, mais l'on conçoit facilement qu'en pratique on ne peut employer de tels moyens, toujours très-longs; nous dirons donc de cette projection comme nous avons dit de la projection verticale : avec trois points on peut déterminer l'ombre. Or, si comme dans la projection horizontale on mène parallèlement au rayon de lumière des tangentes auxdeux extrémités inférieure et supérieure du tore, ou encore une ligne à 45° passant par le centre du cercle qui termine le tore, cette ligne viendra couper le cercle en un point $3'$ pour la partie supérieure du tore et 10 pour la partie inférieure; il ne restera donc plus qu'à déterminer le point du milieu qui sera le troisième point cherché. Mais si l'on considère ce tore comme un cylindre et que l'on en cherche l'ombre par les mêmes procédés, on obtiendra le troisième point d'ombre par lequel on fait passer la courbe $10 e 3'$ ombre propre du tore en projection verticale.

Détermination d'une surface concave, engendrée par la révolution d'arcs de cercle autour d'une ligne droite ou ombre propre d'une scotie.

Soient (fig. 424 et 425) dont les deux projections cherchent l'ombre; il y a ici l'ombre de deux portions de cylindres, D'D' et A'B' que l'on sait déterminer; il ne s'agit donc que de déterminer l'ombre portée du cylindre DD' sur la gorge de la scotie. Si au lieu d'être une gorge, le corps était un cylindre, on opérerait comme dans les figures 441 et 442, que l'on verra plus tard; il faut donc déterminer cette ombre d'une autre manière. Pour cela : 1° mener les tranches a, b, c, d, e (fig. 424); 2° représenter ces tranches par des cercles a, b, c, d, e; 3° mener parallèlement au rayon de lumière (fig. 425) une suite de plans coupants qui viennent rencontrer ces cercles en des points a, b, c, d, e, par exemple, si l'on projette verticalement ces points (fig. 424), l'intersection de ces droites avec les horizontales correspondantes déterminera une suite de points par lesquels on tracera les courbes a', b', c', d', e'; 4° de tous les points b' b' b' sur le cylindre D'D', mener des lignes à 45°, elles viennent couper les courbes en des points e', e', e', e', e', par lesquels on trace la courbe générale de l'ombre portée et que l'on termine en la prolongeant jusqu'en B.

Pour trouver l'ombre portée du cylindre D'D sur la surface concave du cylindre inférieur A' D' vu en plan, il suffit de : 1° mener du milieu du cylindre D'D' une ligne à 45° qui vient couper le cylindre A'B' en un point $2'$; 2° abaisser verticalement ce point $2'$ sur le rayon de lumière passant par le centre du plan; abaisser aussi successivement tous les points $2''$, $2''$, $2''$, $2''$, qui coupent les tranches a, b, c, d (fig. 434); on obtiendra sur le rayon de lumière passant par le centre, ainsi qu'il vient d'être dit, une série de points $2'$, $2'$, $2'$, $2'$, et si de tous ces points comme centre, avec une ouverture de compas égale au demi-diamètre du cylindre $D'D'$ ou $b'D'$ on décrit de petits arcs, ces arcs couperont les cercles $a b c d e$ du plan en dix points : 1, 2, 3, 4, 5 et e, 2, 3, 4, 5, par lesquels on tracera la courbe de l'ombre portée en plan ; ce qu'il fallait démontrer.

Ombres propres et portées des différents membres d'une base toscane.

Soient (fig. 426 et 427) les deux projections d'une base toscane, comme on le voit dans ces deux figures que nous avons données comme application, il suffit tout simplement, en élévation, de tracer : 1° l'ombre du cylindre C' qui représente le fût de la colonne ; 2° celle du cylindre B' qui est relié au fût par un congé; 3° enfin l'ombre d'un tore en projection verticale, ainsi qu'il a été dit (fig. 422). L'ombre en plan consiste à tracer celle d'un tore vu en plan (fig. 423); les ombres étant égales aux saillies, l'ombre portée du socle par terre sera égale à sa hauteur.

Des ombres portées.

On propose de trouver l'ombre portée d'un cercle (fig. 428, 429) ; soient donc $c—c'$ les deux projections d'un cercle, parallèle au plan vertical, les rayons de lumière interceptés par le cercle laissent nécessairement dans l'espace un cylindre d'ombre, dont la section, par le plan vertical, sera un cercle; car on sait que les sections parallèles d'un cylindre sont égales. Donc la circonférence décrite du point c'', ombre du centre de ce cercle, avec son rayon, sera l'ombre demandée.

(Fig. 430 et 430 bis.) Si le cercle était horizontal, au lieu d'être vertical, on obtiendrait son ombre de la même manière sur le plan horizontal en décrivant du point c'' comme centre, avec un rayon égal au demi-diamètre $ac—cb$, du cercle acb, ainsi qu'on l'a vu figure précédente.

(Fig. 431 et 432.) Comme on vient de le voir, les rayons de lumière interceptés par le cercle laissent dans l'espace un cylindre d'ombre; mais on a vu aussi que la projection d'un cylindre ou d'un cercle n'étant pas parallèle aux deux plans de projection, la section était une ellipse. Cela a été démontré plusieurs fois. Pour obtenir cette ombre, il faut : 1° chercher l'ombre des carrés inscrit et circonscrit au cercle ; les milieux des côtés de l'un et les sommets de l'autre donneront huit points par lesquels on fera passer l'ombre cherchée. Les opérations graphiques, d'ailleurs, sont assez explicites pour n'avoir pas besoin d'autres explications.

(Fig. 433 et 434.) Ce cercle est encore donné dans la même position que dans les fig. 428 et 429, mais son ombre n'étant pas parallèle au plan vertical, cette ombre sera encore une ellipse que l'on déterminera comme précédemment, en opérant ainsi qu'il suit : 1° avec un rayon égal à celui du cercle dont o'' est l'ombre portée de son centre, tracez une circonférence qui coupera I K perpendiculairement au plan du cercle ad et $a''c''$, parallèle au rayon de lumière ; 2° aux points h, i, u, y de ces quatre points et du centre c'' menez des parallèles à $a'd''$; 3° faites ae'' et ik''' égaux à uy et ih'', vous aurez ainsi déterminé huit points d'ombre par lequel vous ferez passer une ellipse qui sera l'ombre cherchée.

(Fig. 435 et 436.) Si le cercle $a b, a' b'$ est situé dans un plan perpendiculaire aux deux plans de projection, on obtiendra encore l'ombre portée de la même manière après avoir déterminé les points d, e et $d', e', $ qui représentent, avec les points a, b, c, a', b', c', les huit points de carrés inscrit et circonscrits; on projettera les centres $c' c'$ et de leur intersection c'', ombre du centre c avec un rayon égal au demi-diamètre $c a$ ou $c b$, $c' a'$ ou $c' b'$, on décrira une circonférence, et l'intersection des points a, b, c, d, e avec les points a', b', c', d', e' menés parallèlement dans les deux projections, détermineront huit points par lesquels on fera passer les deux ellipses qui se fondent ensemble et déterminent les projections d'ombres des deux cylindres; ce qu'il fallait trouver.

(Fig. 437 et 438.) D'après ce qui vient d'être dit fig. 431, il est facile de voir que l'ombre portée d'un cylindre en projection verticale s'obtient de la même manière ; en effet, quand on a déterminé les huit points de la courbe elliptique, image de l'ombre portée du diamètre $a' b' c' d'$ d'un cylindre, il suffit du point e'', extrémité de l'ellipse, de mener une parallèle à la génératrice du cylindre par une ligne $e'' f'$. Si de ce point f', intersection de la limite d'ombre sur le plan vertical avec celle du plan horizontal, on trace, par une tangente au cercle plan du cylindre et parallèlement au rayon de lumière, une ligne $f f'$, et que du point k aussi parallèlement au rayon de lumière, on mène $k k'$ jusqu'à la rencontre de la ligne de terre, on aura déterminé une suite de points $k', k, h, g, f, f', e'', b'', h''$, qui détermineront les limites de l'ombre portée d'un cylindre dans les deux plans de projection.

Ombres portées d'un cylindre sur un autre cylindre, et d'une tailloir carré sur un cylindre.

Soient (fig. 441 et 442) les deux projections d'un cylindre et d'un tailloir.

Pour obtenir l'ombre portée du tailloir, représenté en plan par A B, il suffit tout simplement du point $1'$, projection verticale de A 1, dans le plan, de mener de ce point indéfiniment une ligne à 45°; cette ligne pénétrant dans le cylindre rencontre son axe au point c''. Si de ce point comme centre avec un rayon égal à celui du demi-diamètre du cylindre C D, C E, par exemple, on décrit un cercle, il viendra couper la ligne à 45° au point $1''$, et en continuant la circonférence jusqu'à l'arête de l'ombre propre, on aura déterminé l'ombre portée du tailloir sur le cylindre, et la preuve, c'est que, si au lieu d'opérer ainsi qu'on vient de le faire, on avait procédé ainsi que la figure l'indique, on aurait obtenu une suite de points d'intersection $1'', 2'', 3'', 4'', e''$ qui passent tous par la courbe décrite du point c'', comme centre, avec un rayon égal à celui du cercle, image du cylindre en plan. Pour obtenir cette courbe par le second moyen, il faut : 1° prendre sur A B dans le plan, une suite de points quelconque, tels que : 1, 2, 3, 4, 5 ; 2° projeter ces points verticalement sur $1'$, B, en élévation; 3° de tous ces points en plan et en élévation, mener des lignes indéfinies à 45°, ces lignes dans le plan couperont le plan du cylindre en des points $1', 2', 3', 4', e'$; 4° de ces derniers points, projeter verticalement des droites qui viendront rencontrer leurs correspondantes menées à 45°, et détermineront, par leurs intersections, $1'', 2'', 3'', 4'', e''$, une courbe qui sera l'ombre cherchée, et qui sera, comme on le voit, la même trace que celle du cercle décrit du point c''; comme centre; ce qu'il fallait prouver. On obtiendrait l'ombre d'un tailloir sur un cône de la même manière (voir fig. 449). Il est facile de comprendre que si le tailloir, au lieu d'être carré, était rond, il faudrait employer le même moyen qui vient d'être démontré dans le second cas, c'est-à-dire, qu'au lieu de prendre des points sur la droite A B, côté du carré, il faudrait prendre sur le cercle plan du tailloir une suite de points a, b, c, d, e et opérer comme il a été dit, on obtiendrait une courbe $1'' a'' b'' c'' d'' e''$; ce que l'on voulait prouver.

Détermination de l'ombre propre d'une sphère dans les deux projections.

Soient (fig. 443 et 444) les deux projections d'une sphère dont il s'agit de déterminer l'ombre propre : nous avons vu que la direction du rayon de lumière n'est autre que la diagonale d'un cube ; si donc on inscrit ces deux sphères dans un cube, la direction de lumière sera $a' c'$ pour la projection verticale (fig. 443), et $a c$ pour celle horizontale (fig. 444). Il faut : 1° déterminer la ligne A D à 35° 16′ (qui est la vraie direction de lumière), ce qui s'obtient en inscrivant un carré dans la sphère, et joindre le point i, l'un des angles inscrits au point d, angle du carré circonscrit; 2° élever une perpendiculaire sur cette ligne A D et la faire passer par le centre de la circonférence, cette ligne viendra couper la sphère en deux points C, E ; 3° rabattre ces deux points parallèlement au rayon de lumière sur la ligne $b c$ qui lui est perpendiculaire, on obtiendra ainsi les deux points h, g. Mais les deux points i, k sont aussi connus, étant déterminés, comme on le sait, par les tangentes menées parallèlement au rayon de lumière à l'extrémité du diamètre de la sphère (fig. 399). Donc, quatre points sont connus, mais à l'inspection seule des figures, il est facile de voir que le tracé du carré inscrit détermine quatre autres points; en effet, le point i projeté sur les deux diamètres de la sphère déterminent deux points q, p, le point k projeté de la même manière détermine aussi deux autres points e, r ; donc, on aura les huit points par lesquels on fera passer la courbe elliptique de l'ombre de la sphère. Mais on voit que les quatre points p, q, r, c, sont situés juste à l'intersection des côtés du carré inscrit avec les deux diamètres de la sphère, donc, il suffit seulement de déterminer les deux points h, g, les six autres étant connus.

Les fig. 447 et 448 expriment l'image des ombres portées sur les deux plans de projection de deux sphères. Après ce que nous avons démontré (fig. 435 et 436), si l'on considère les diamètres $1\,5$, et $c' c'$ comme la section d'un cylindre qui n'est pas parallèle aux deux plans de projection, il suffira, comme dans la fig. 435, de déterminer les huit points d'ombre du carré inscrit. Les opérations, d'ailleurs, sont trop explicites pour qu'il soit nécessaire de plus amples descriptions.

Les fig. 445 et 446 expriment les images des projections horizontales et verticales d'une pyramide, et l'ombre portée d'un prisme sur une pyramide.

Les fig. 449 et 450 sont les expressions des images verticale et horizontale des gouttes de l'architrave d'un ordre dorique, comme on le voit : 1° l'ombre de la fig. 450, qui représente le plan du cône, se déterminera ainsi qu'il a été dit, fig. 417, pl. 25; 2° l'ombre propre du cône, comme il a été dit, fig. 416, même planche; 3° l'ombre portée d'un tailloir, ainsi qu'il a été cité, planche ci contre, fig. 441; 4° l'ombre portée du cône, comme il a été dit, fig. 431; pour l'ombre de la base du cône que l'on joint au point d'ombre du sommet c ; 5° l'ombre du tailloir sur le plan vertical, ce qui s'obtient en déterminant le parallélogramme que laisse la trace du carré, plan du tailloir projeté obliquement.

Ici se terminent les deux traités de projection et d'ombre dans lesquels ont été représentés, sous différentes positions les mêmes objets, comme aussi les corps les plus usités dans l'industrie, dans les arts et la mécanique, afin que l'élève, familier avec ces connaissances, puisse facilement les appliquer à la représentation des différents plans de machines ou d'architecture, considérés, tant sous le rapport des diverses projections que sous le rapport de la détermination des ombres, quelles que soient les formes des corps, comme aussi quelles que soient les positions qu'ils occupent dans les divers plans de projections. C'est par l'étude approfondie, souvent répétée, des principes élémentaires que nous venons d'émettre, que l'élève acquerra ces connaissances indispensables à tout architecte, à tout mécanicien-ingénieur. En effet, sans les projections, il est impossible de rendre compréhensible le tracé d'un dessin quelconque, comme aussi, sans la connaissance des ombres, il est impossible de donner le modelé, la forme des pièces, le mouvement, la vie enfin. Il y a plus, c'est que sans ces connaissances, il est même impossible de pouvoir passer convenablement un dessin au simple trait, ce qui, d'ailleurs, demande du goût et des connaissances qui ne peuvent s'acquérir qu'en étudiant les ombres, et, certes, celui qui ne s'en est pas occupé, ne pourra jamais donner au tracé de ses lignes, ce mélange gracieux de force et de finesse, ce je ne sais quoi qui lui est si nécessaire, disons même indispensable, et sans lequel le dessin le plus correct est froid et sans vigueur. Il en est de même d'un dessin lavé, quelque bien fini que soit ce lavis, si les ombres ne sont pas à leurs places; si les points brillants, si les arêtes d'ombre et de lumière ne sont pas géométriquement placées, jamais l'élève ne rendra le modelé des pièces qu'il aura voulu représenter, et son dessin encore sera plat, froid, inanimé et vicieux comme détails de forme.

L'élève, donc, qui possédera ces connaissances, pourra facilement se livrer à l'étude du lavis, ce qui ne sera plus pour lui qu'un travail manuel qu'il acquerra avec un peu de pratique ; car, nous le répétons, il possédera toute la science du dessin, connaissant la théorie des projections et celle des ombres, ce qui est la même chose, car, ces deux sciences, à proprement parler, ne font qu'une et sont le corollaire l'une de l'autre.

Paris. — Typographie Morris et Comp., 64, rue Amelot.

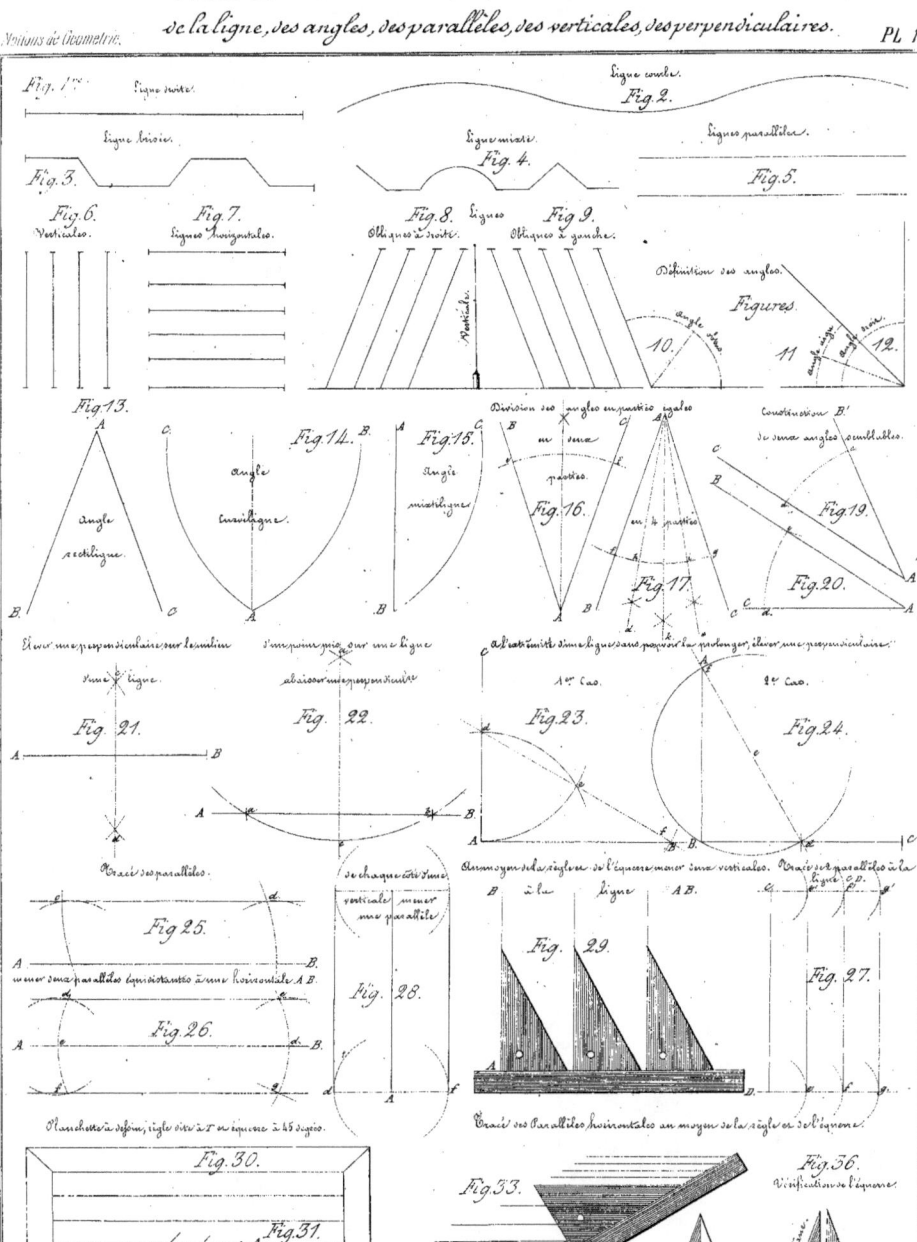

COURS DE DESSIN MÉTHODIQUE, PROGRESSIF & COMPLET.
de la ligne, des angles, des parallèles, des verticales, des perpendiculaires.

COURS DE DESSIN MÉTHODIQUE, PROGRESSIF & COMPLET.

Notions de Géométrie. — Divisions de la Ligne, des Echelles et Construction des Triangles. — PL. 2.

COURS DE DESSIN MÉTHODIQUE, PROGRESSIF & COMPLET.

Dessin linéaire. — Construction des Triangles et des Polygones équilatéraux. — PL. 3.

COURS DE DESSIN MÉTHODIQUE, PROGRESSIF & COMPLET.
Du Cercle, ses définitions et ses diverses divisions.

Géométrie. Pl. 4.

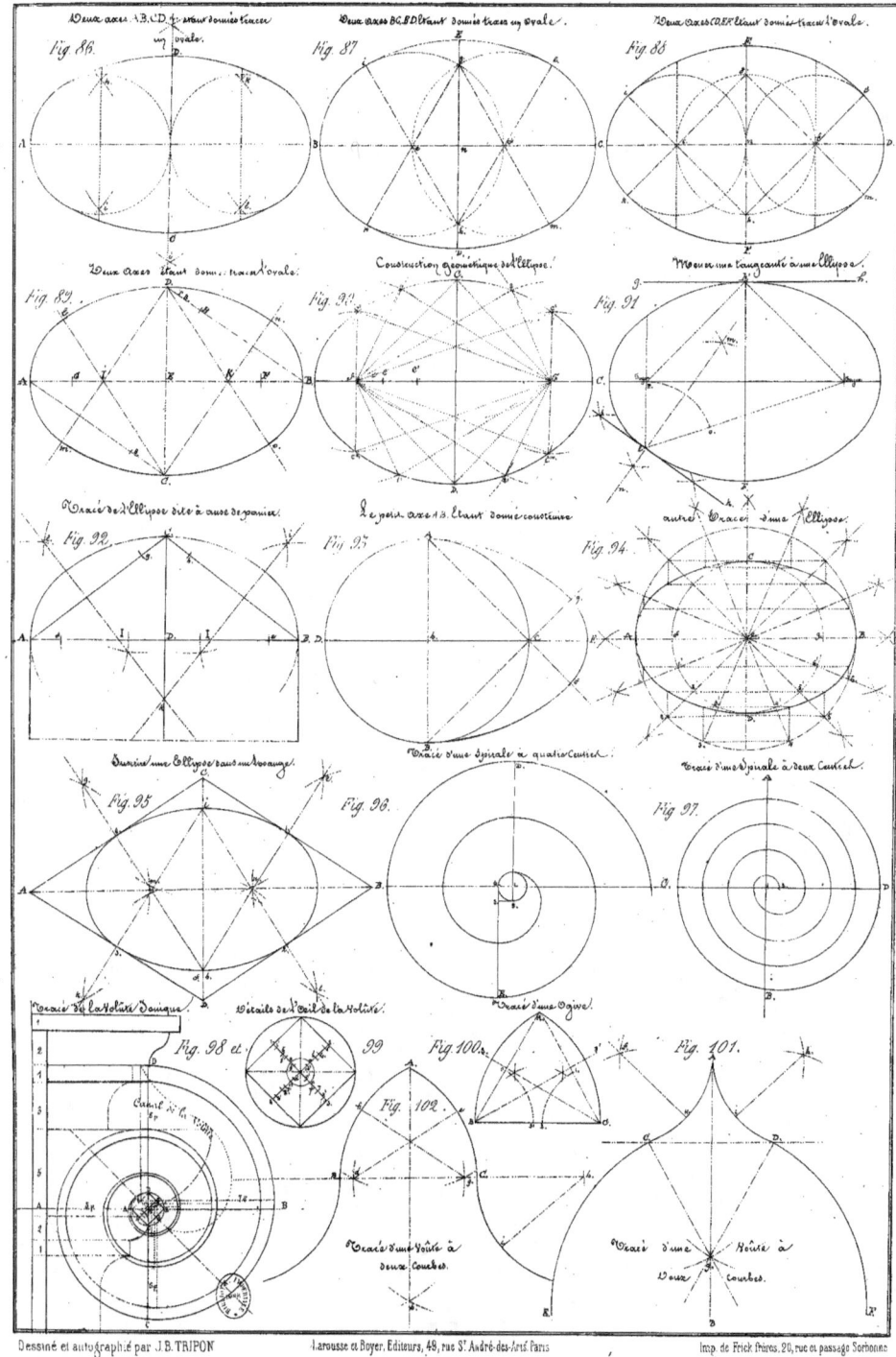

COURS DE DESSIN MÉTHODIQUE, PROGRESSIF & COMPLET.

Dessin linéaire — *Des figures rectilignes, application à la ligne droite, tracé des Étoiles.* — Pl. 6.

Fig. 103. Étoile à 4 branches.
Fig. 104. Étoile à 8 branches.
Fig. 105. Étoile à 12 branches.
Fig. 106. Étoile à 12 branches.

Fig. 107. Étoile à 5 et 10 branches.
Fig. 108. Étoile à 6 et 12 branches.
Fig. 109. Étoile à 7 et 14 branches.
Fig. 110. Étoile à 8 et 16 branches.

Fig. 111. Étoile à 12 et à 24 branches.
Fig. 112. Rosace de parquet divisée en 16 branches.
Fig. 113. Rosace de parquet à 8 branches.

Fig. 114. Rosace formée de 8 cubes étoilés.
Fig. 115. Rosace étoilée à 8 branches.
Fig. 116. Rosace à pans à prismes triangulaires.

Fig. 117. Tracé du Dodécaèdre.
Fig. 118. Tracé de l'Icosaèdre.
Fig. 119. Entrelas formés de trois pièces diverses.

Dessiné et autographié par J.B. Tripsn. — Larousse et Boyer, Éditeurs, 49, rue St André-des-Arts, Paris. — Imp. du Frick frères, 20 rue et passage ...

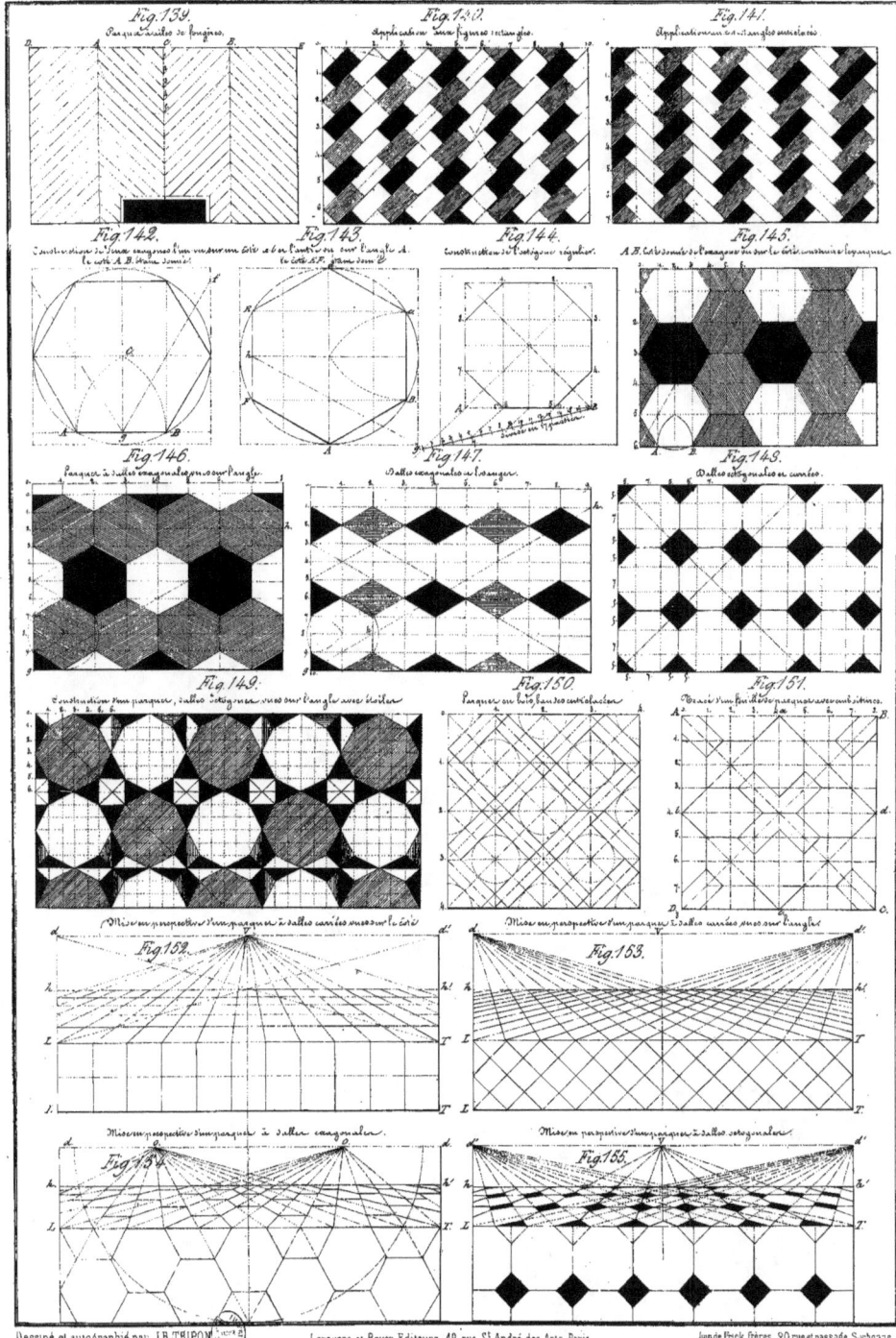

COURS DE DESSIN MÉTHODIQUE, PROGRESSIF & COMPLET.

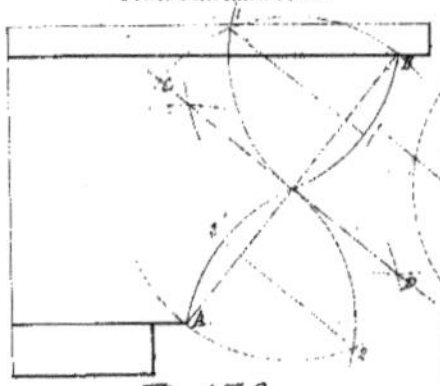

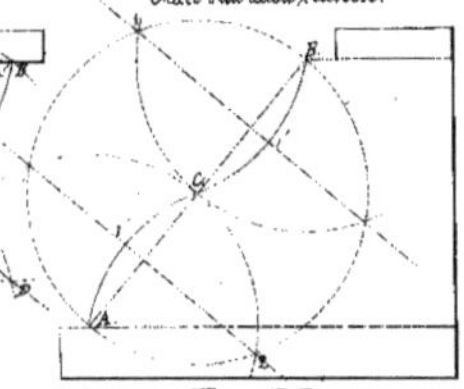

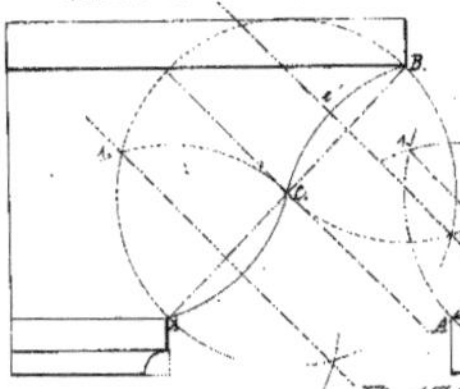

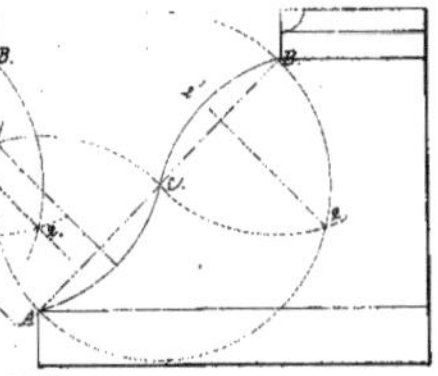

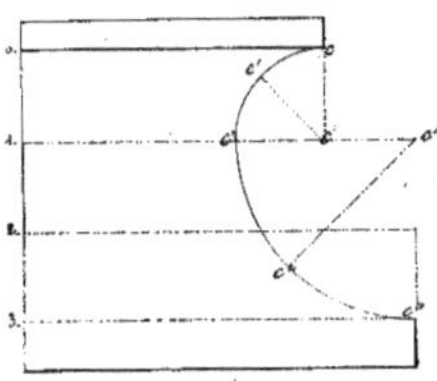

Application du Cercle aux moulures, balcons et rosaces de parquets.

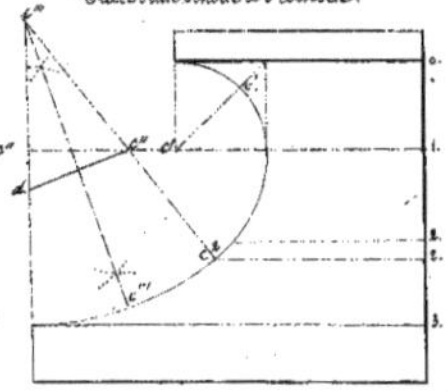

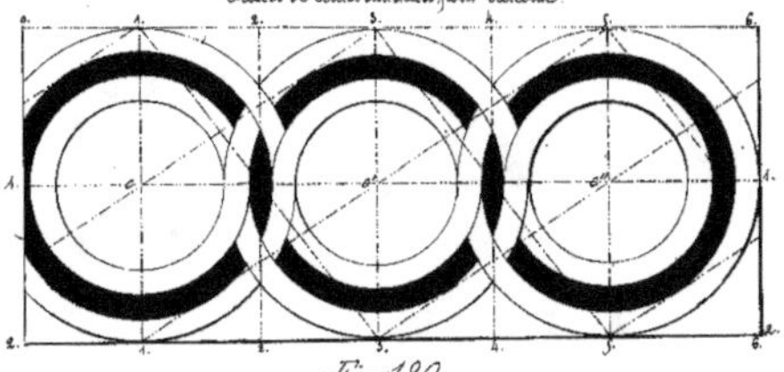

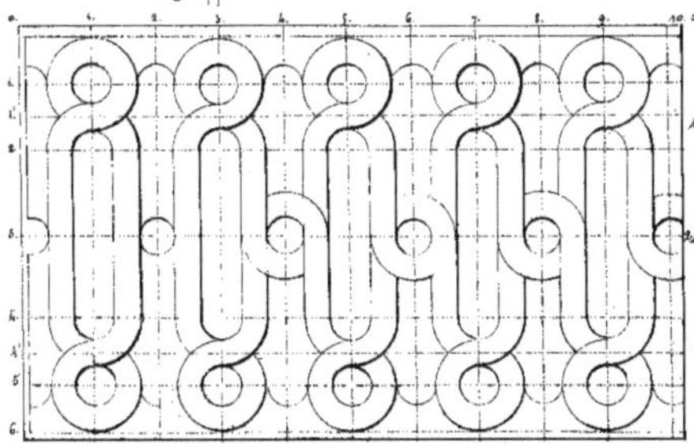

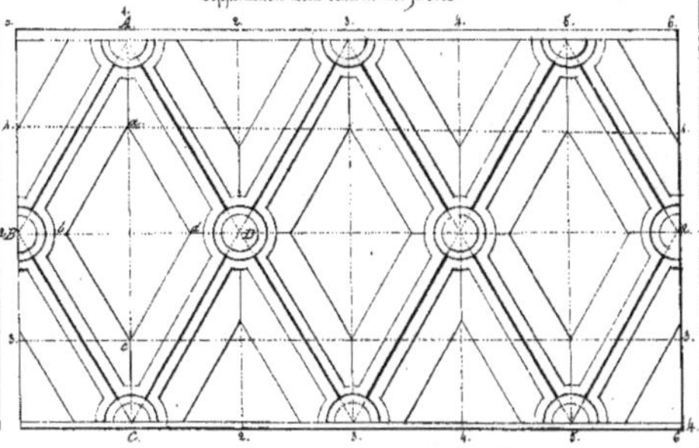

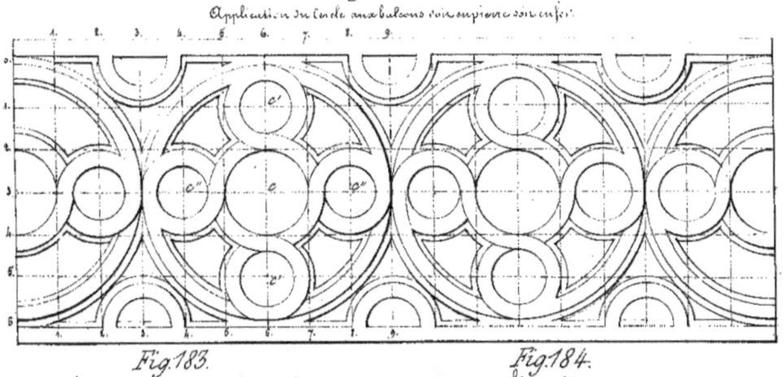

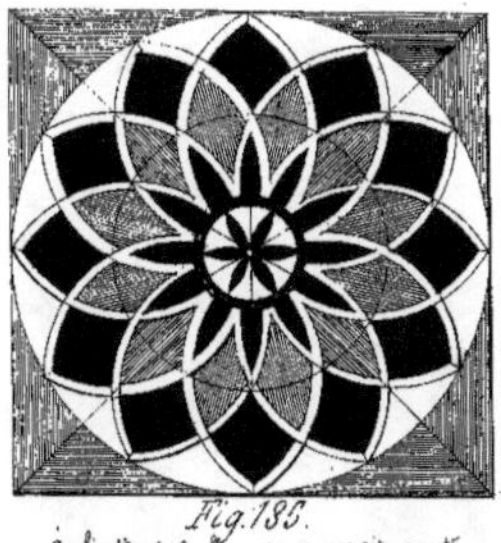

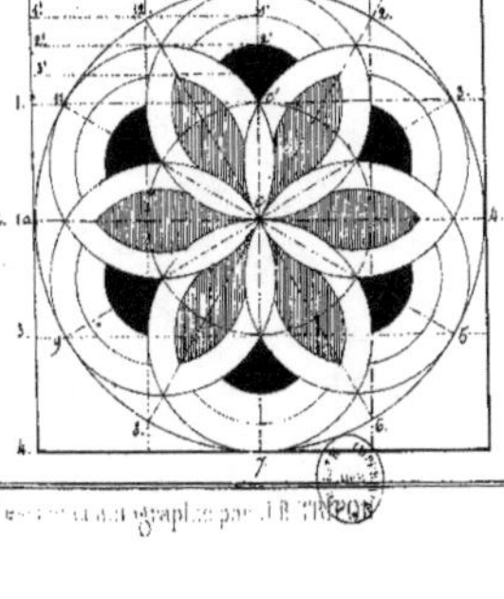

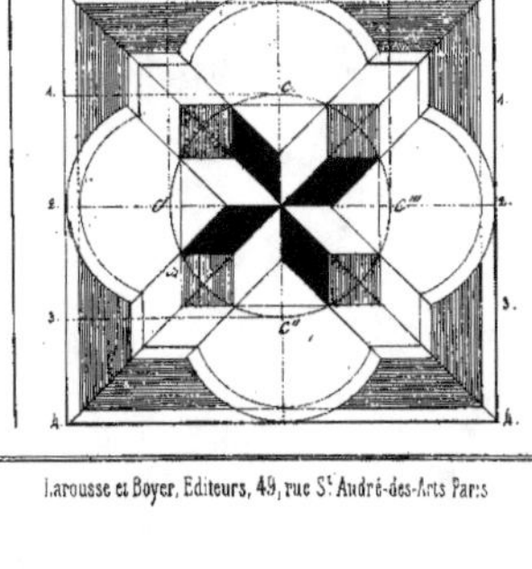

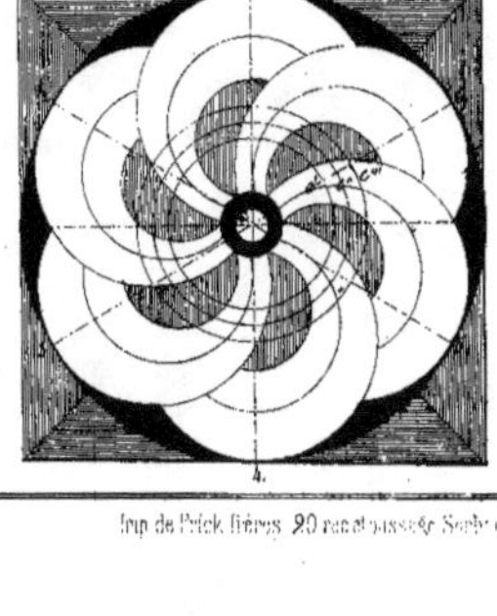

Dessin linéaire

PL. 10

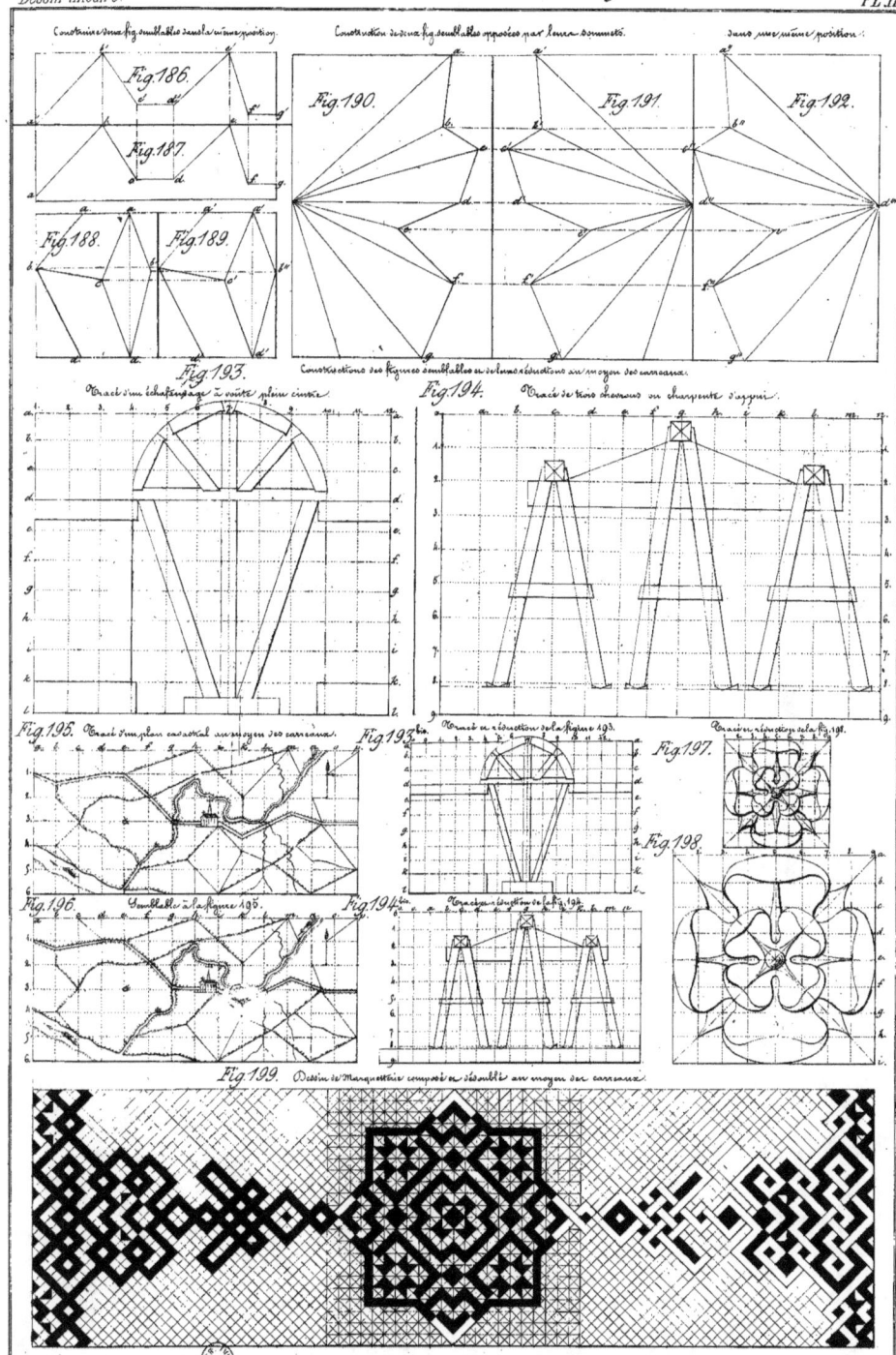

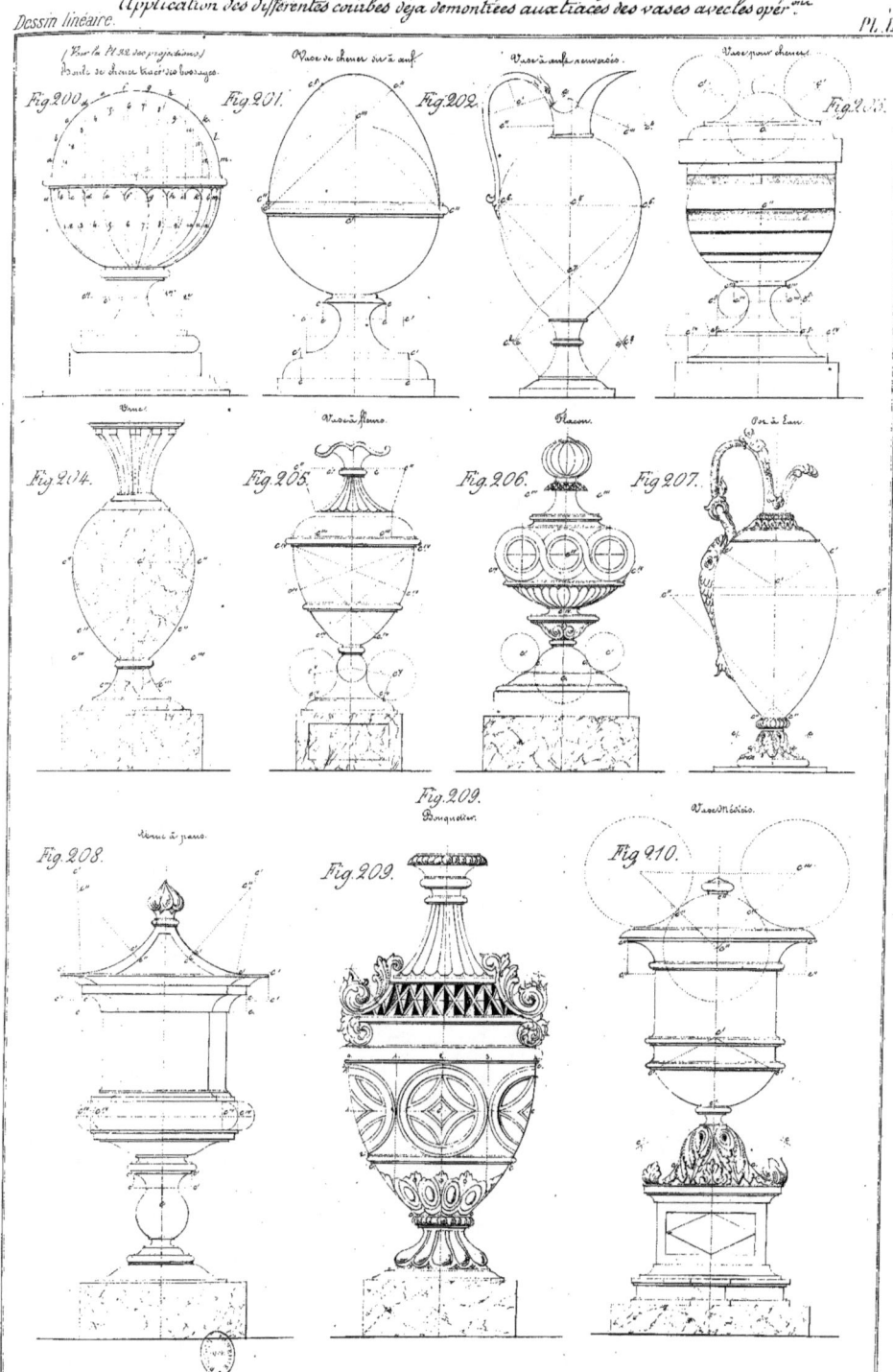

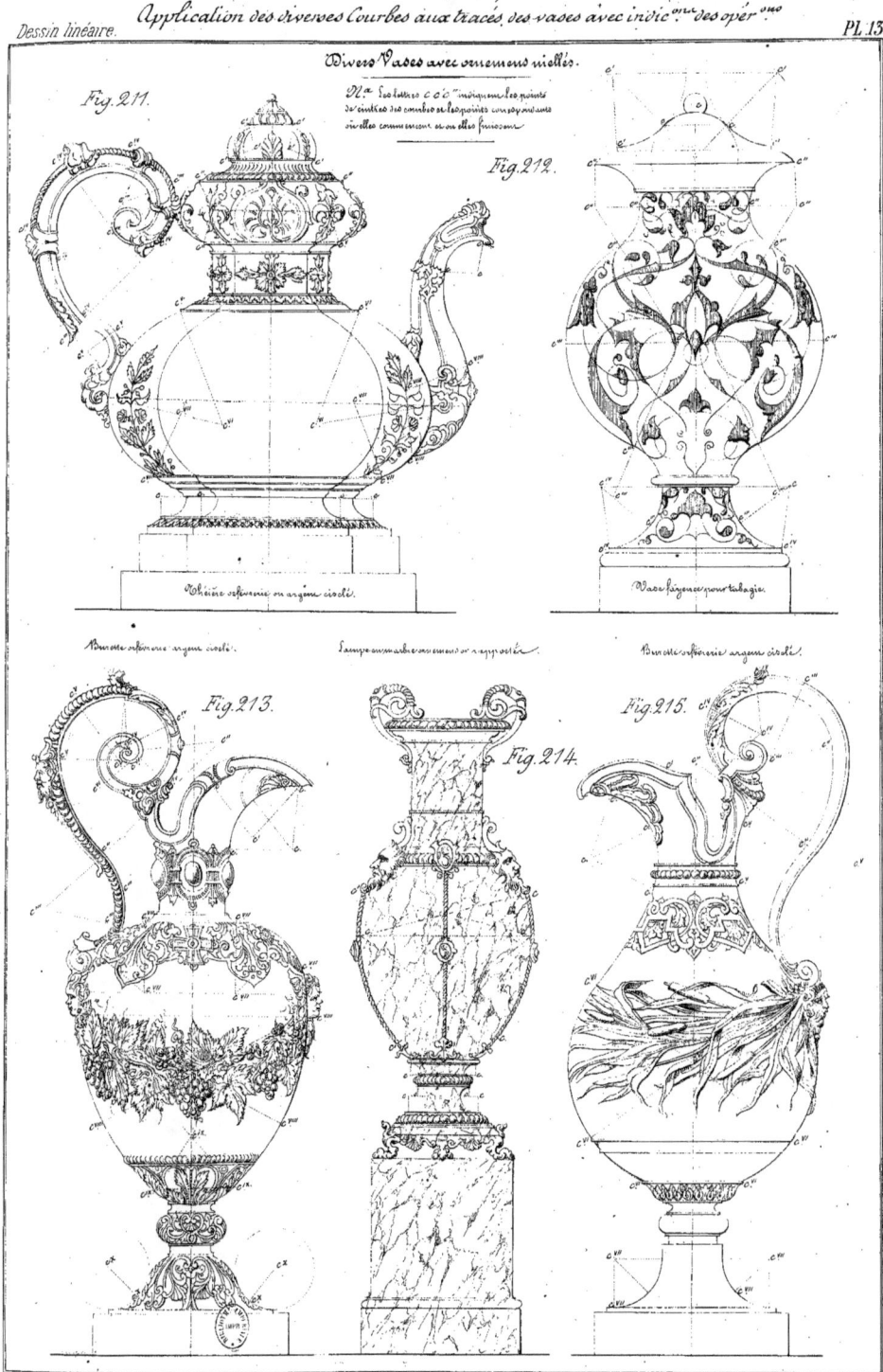

COURS DE DESSIN MÉTHODIQUE, PROGRESSIF & COMPLET.

Principes généraux, des Prismes, ou solides sur leurs deux plans de projection.

Dessiné et autographié par J.B. TRIPON

Larousse et Boyer, Éditeurs, 49, rue St André-des-Arts Paris

Imp Frick frères, 20 r. et passage Sorbonne

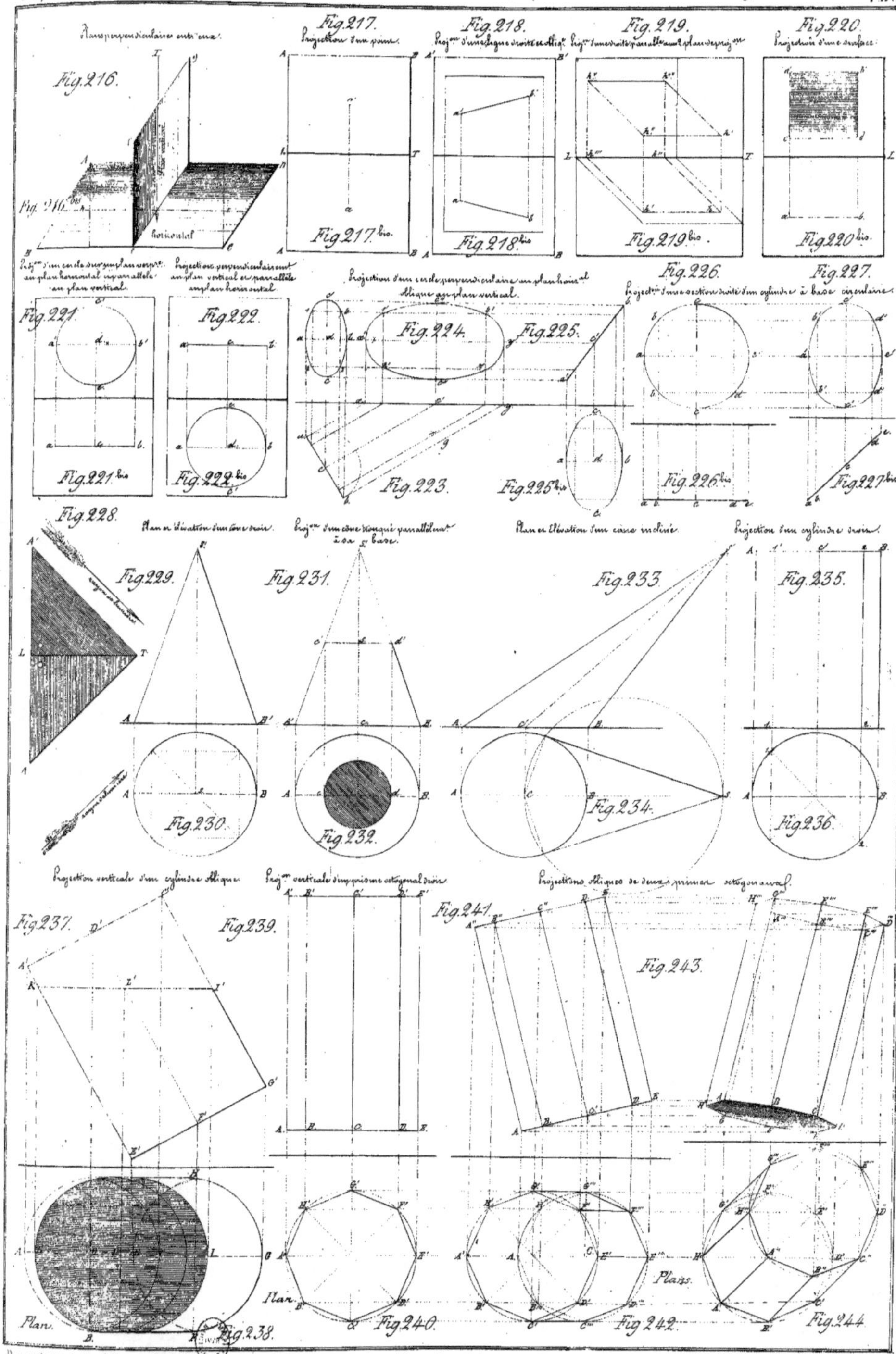

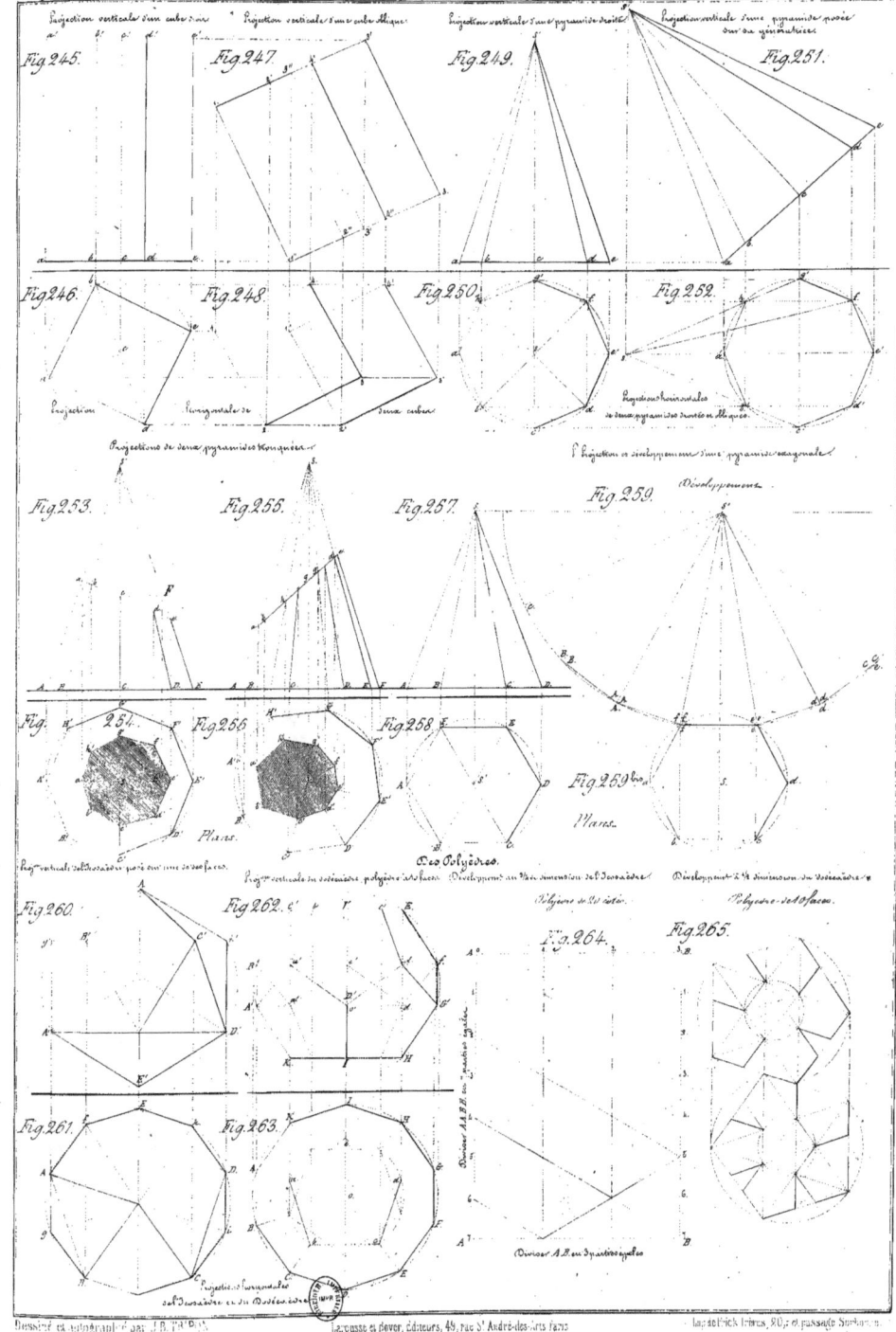

COURS DE DESSIN MÉTHODIQUE, PROGRESSIF & COMPLET.
Des Solides, leurs Projections et Pénétrations.

& COMPLET.
Des Cônes, de leurs développements et Sections coniques.

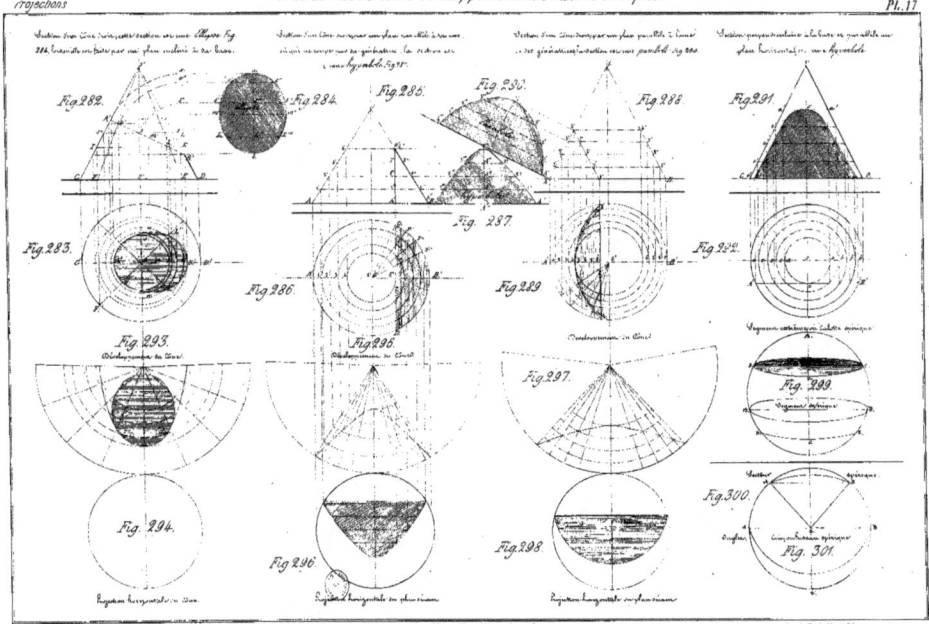

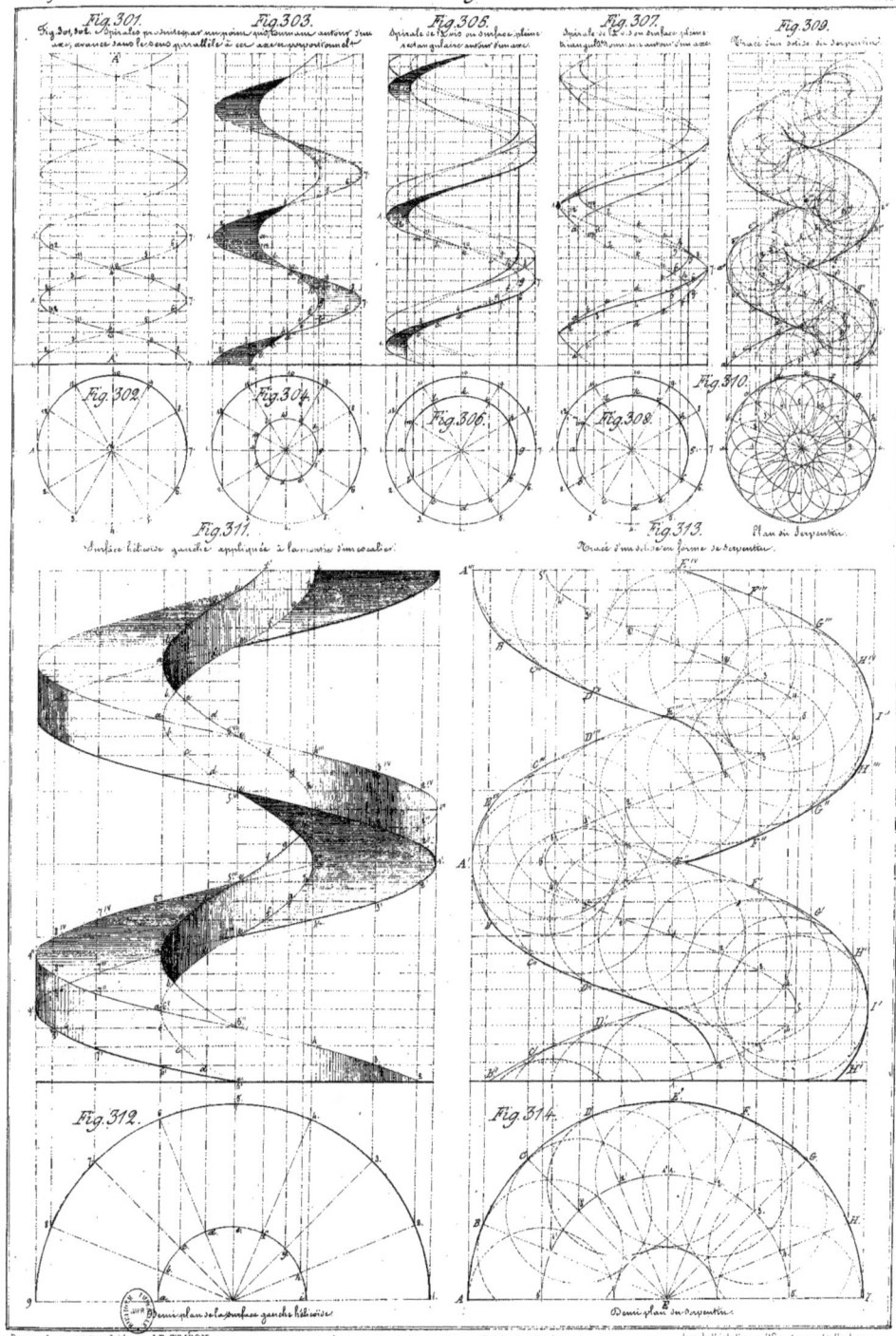

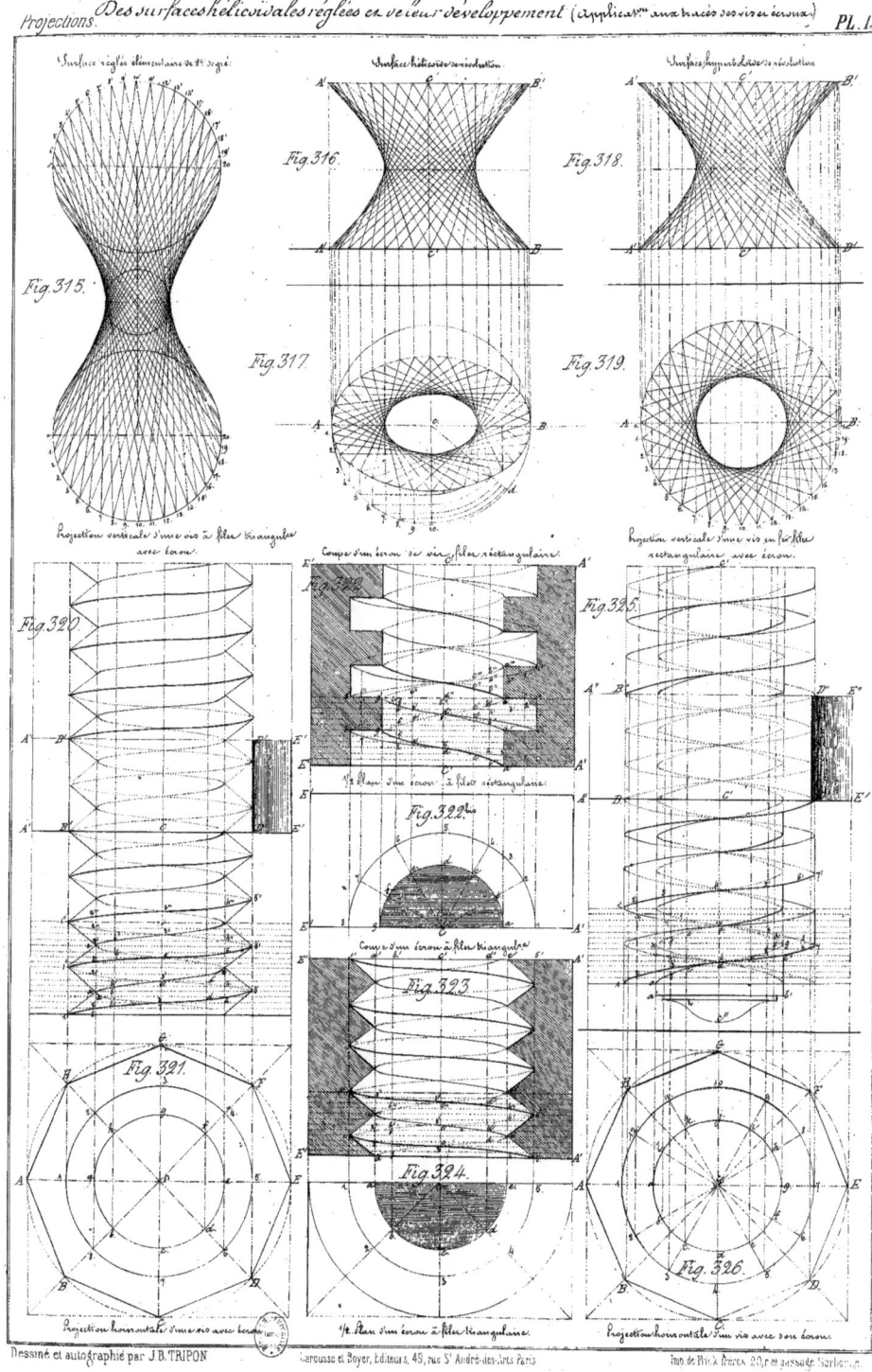

COURS DE DESSIN MÉTHODIQUE, PROGRESSIF & COMPLET.

Des différentes sortes de dents de roues, leurs divers engrenages et manière de les tracer.

Dessiné et autographié par J.B. TRIFON

Larousse et Boyer Éditeurs, 49, rue St André des Arts, Paris.

Imp. de Frick frères, 20, rue et passage Sorbonne.

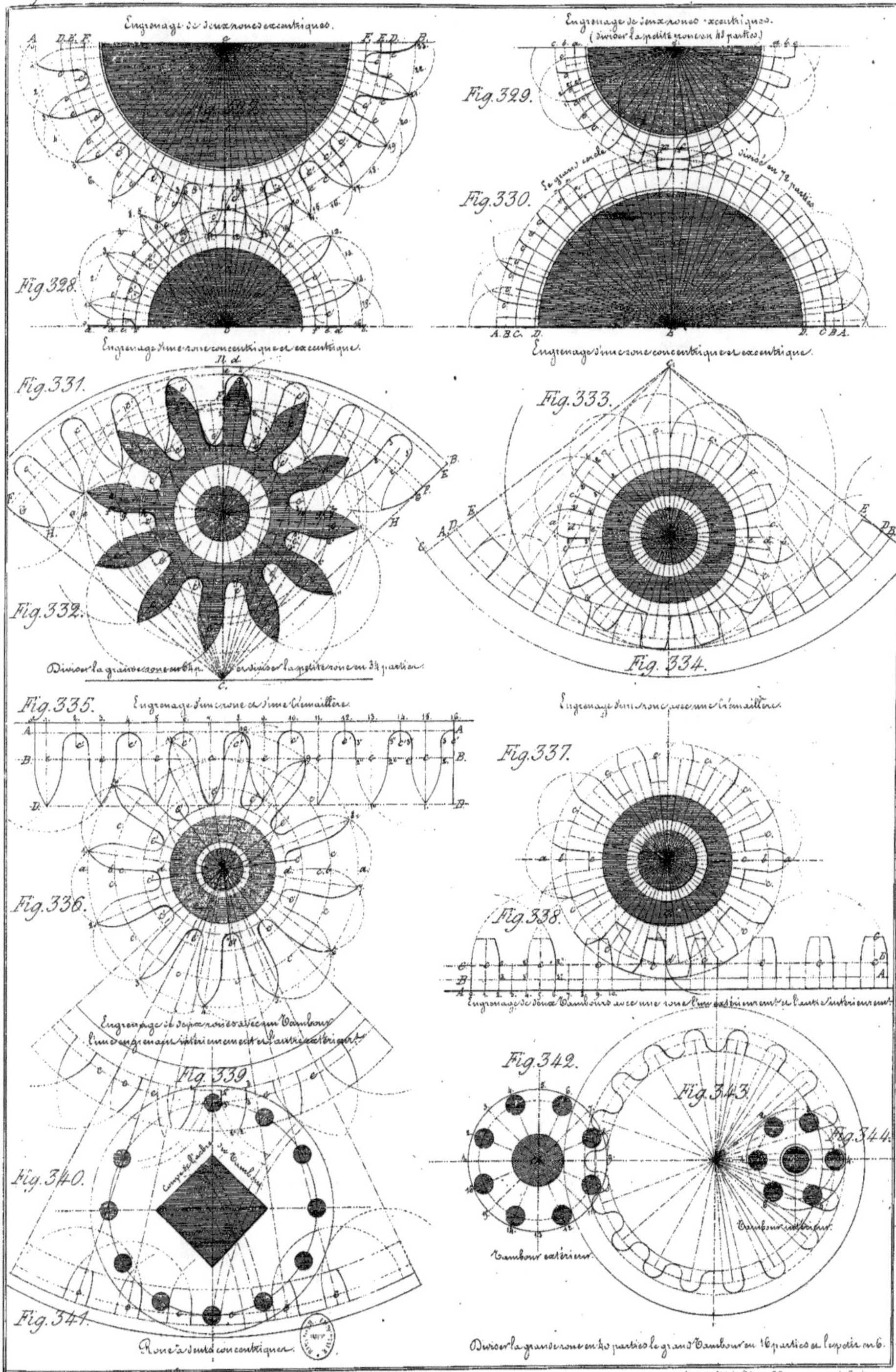

COURS DE DESSIN MÉTHODIQUE, PROGRESSIF & COMPLET.

Projections. Tracés des différents systèmes de roues et leurs divers engrenages (Voir la Pl. 20 pour le tracé des dentures). PL. 21

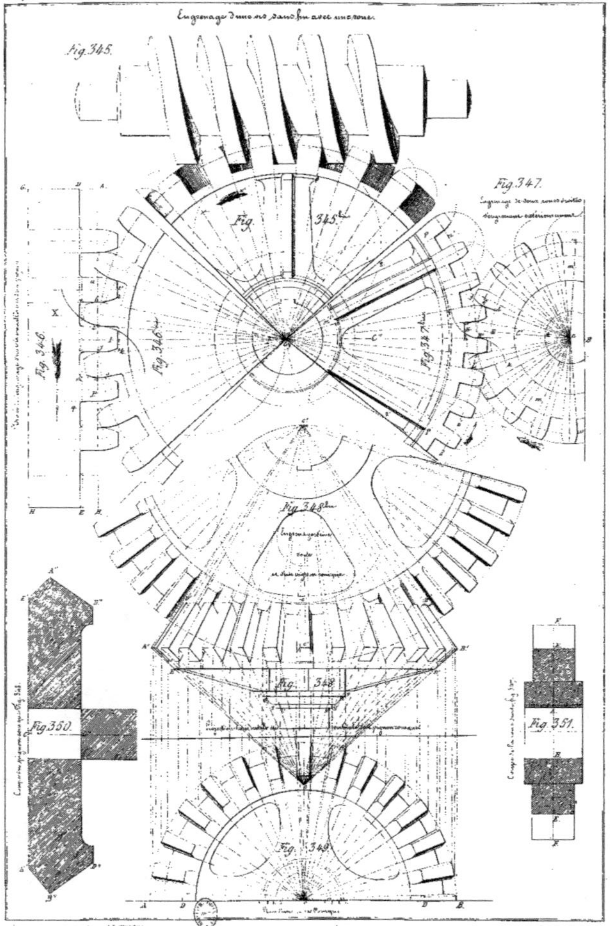

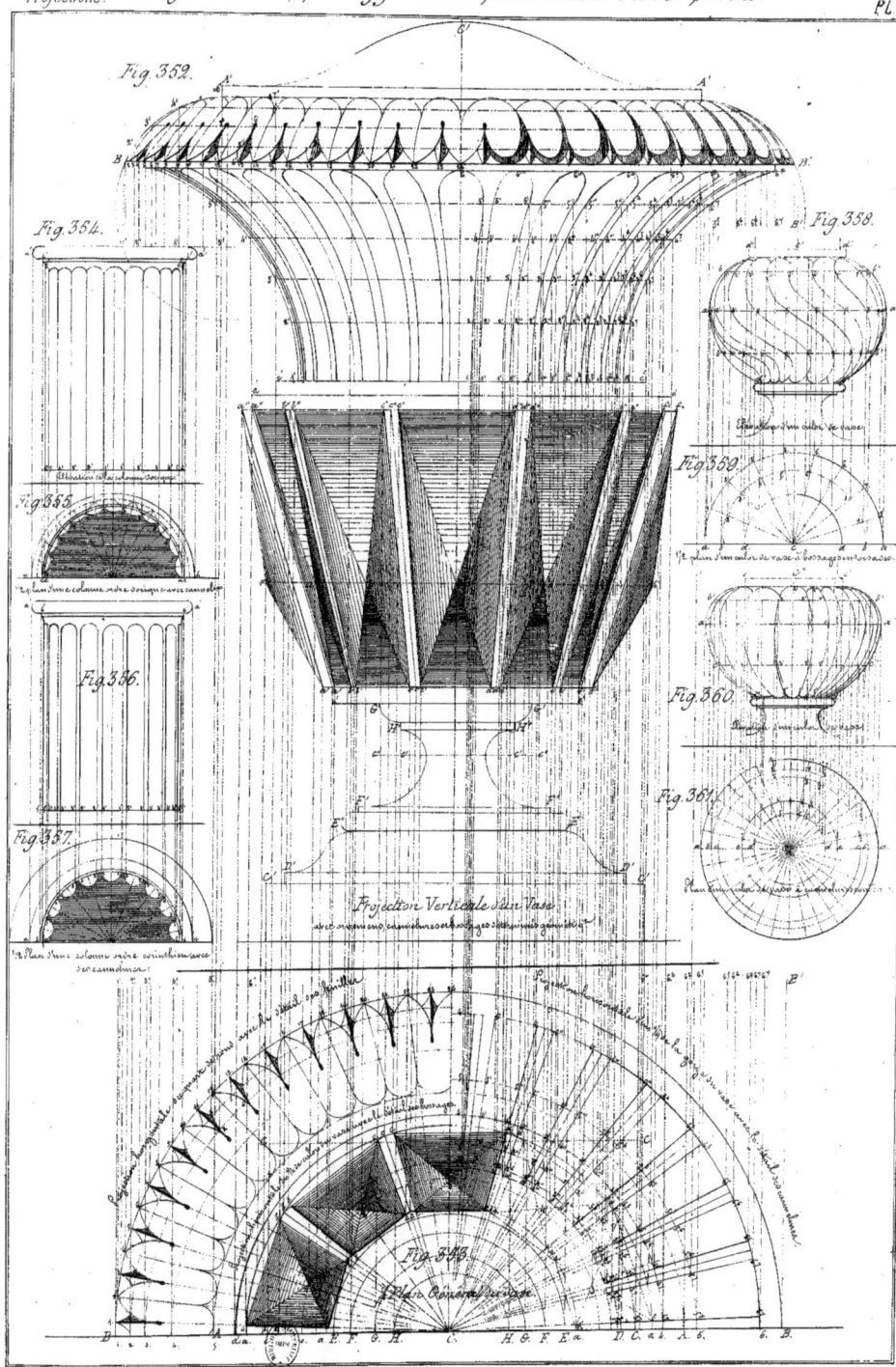

COURS DE DESSIN MÉTHODIQUE, PROGRESSIF & COMPLET.

Tracé géométrique des courbes, des cannelures, des bossages, et leurs dégradations, par rapport à leur partie autour d'un corps rond.

COURS DE DESSIN MÉTHODIQUE, PROGRESSIF & COMPLET.

Projections. Des Projections dites de 3/4, principes généraux (Application au tracé d'une roue droite.) Pl. 23

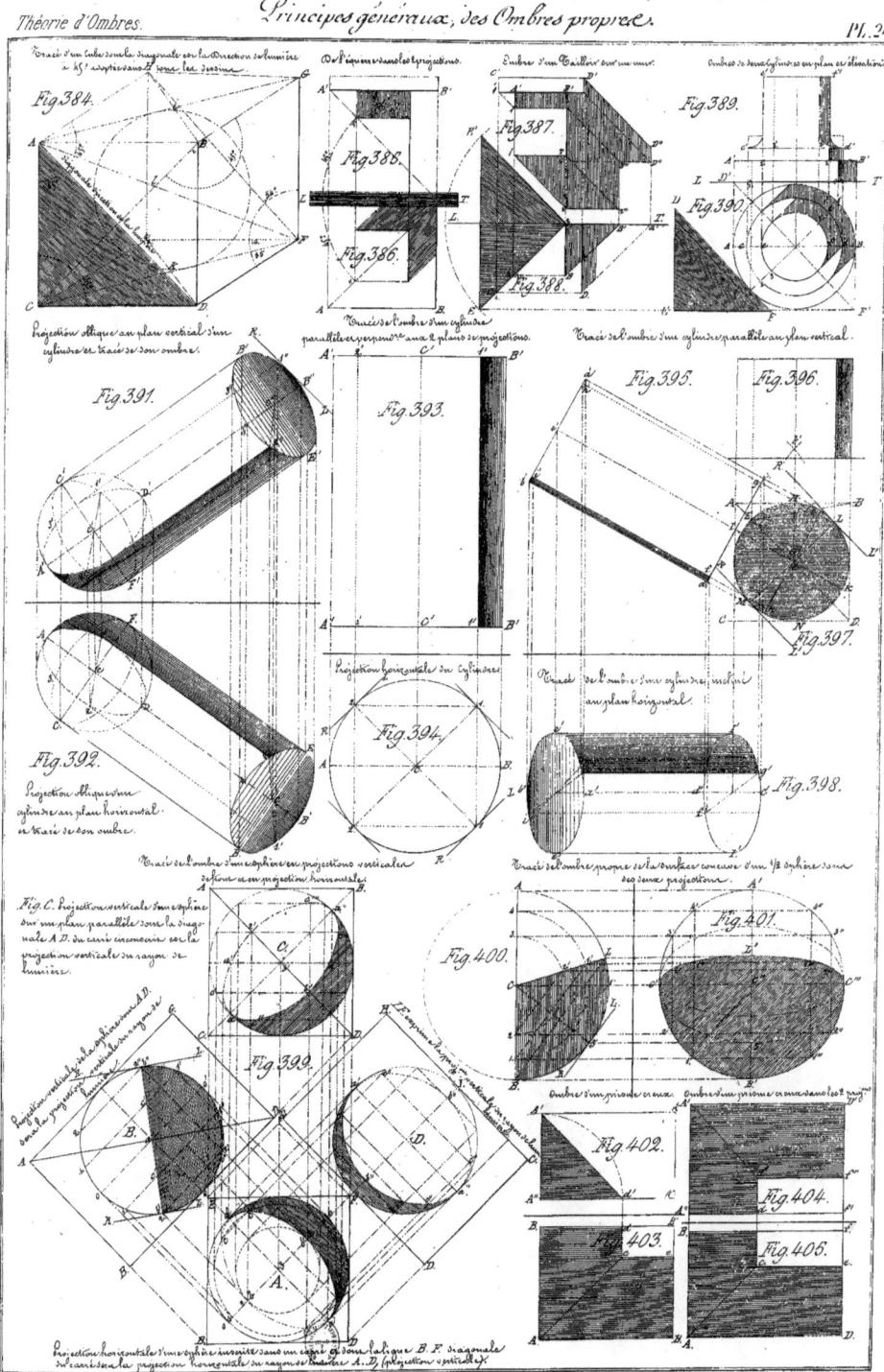

COURS DE DESSIN MÉTHODIQUE, PROGRESSIF & COMPLET.

Des Ombres propres de différents corps dans les deux projections et quelles que soient leurs positions.

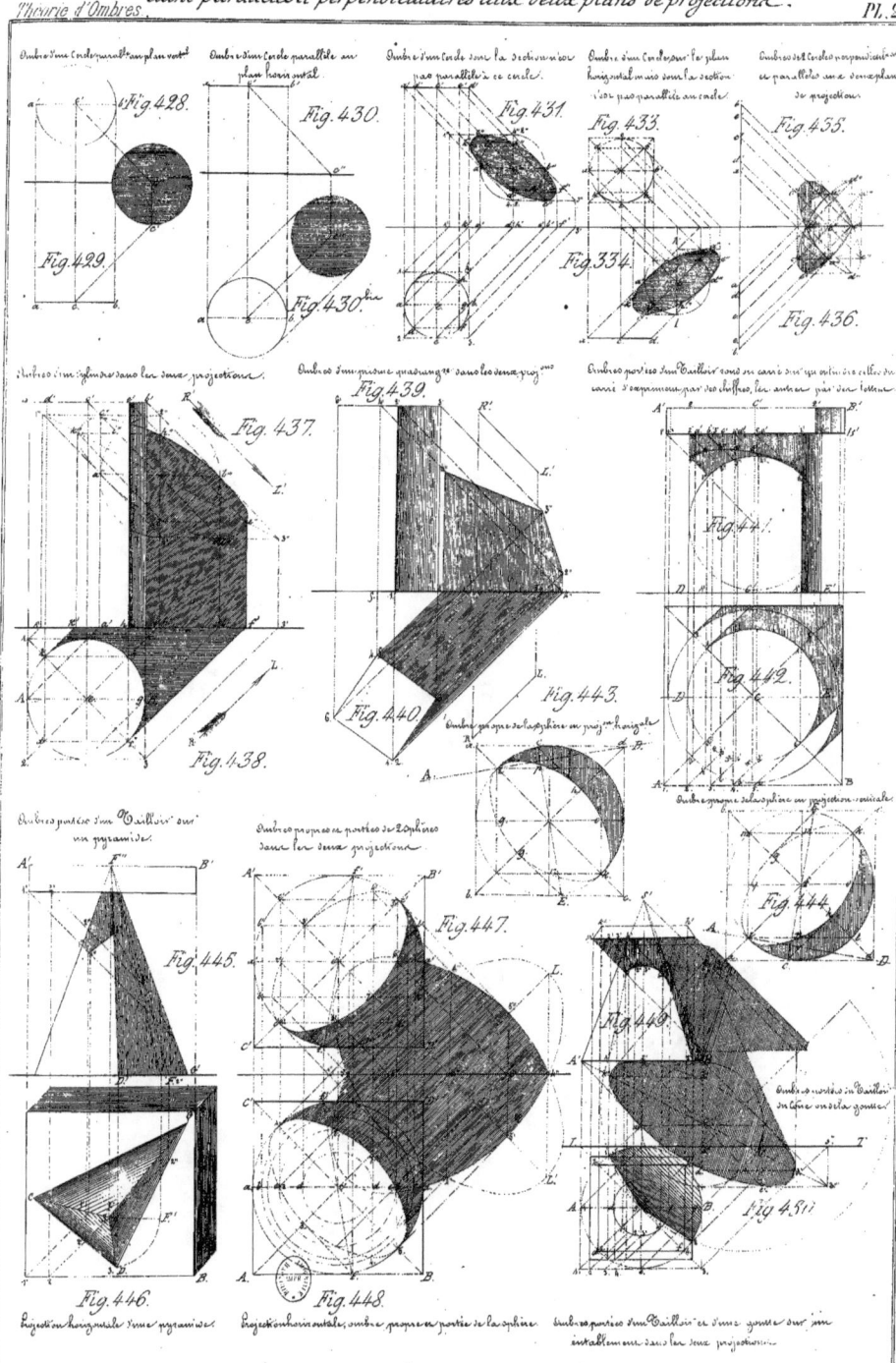

COURS DE DESSIN MÉTHODIQUE, PROGRESSIF & COMPLET.

Théorie d'Ombres — des Moulures simples de leurs Tracés et manière de les Ombrer au Tireligne sous diverses positions. — Pl. 27

Fig 471	Tore ou Baguette entre deux Filets
Fig 472	Congé Renversé
Fig 473	Congé Droit
Fig 474	Quart de rond droit
Fig 475	Quart de rond renversé
Fig 476	Baguette droite avec congé & Filets
Fig 477	Quart de rond droit avec Baguette, carré & congé.
Fig 478	Quart de rond renversé avec baguette, carré & congé.
Fig 479	Talon renversé
Fig 480	Talon droit
Fig 481	Doucine renversée
Fig 482	Doucine Droite
Fig 483	Base Carrée Ordre Toscan
Fig 484	Base Carrée Ordre Corinthien

Echelle de 4 Décimètres

Dessiné et autographié par J.B. TRIPON. — Larousse et Boyer, Éditeurs, 49, rue St André-des-Arts, Paris. — Imp. de Frick frères, 20, r. et passage Sorbonne.

COURS DE DESSIN MÉTHODIQUE, PROGRESSIF & COMPLET.

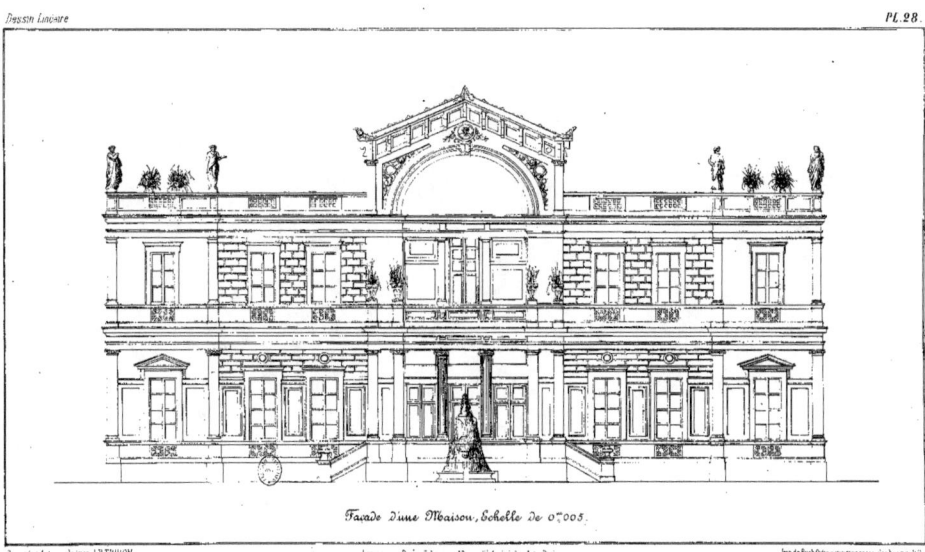

Façade d'une Maison, Échelle de 0,005.

COURS DE DESSIN MÉTHODIQUE, PROGRESSIF & COMPLET.

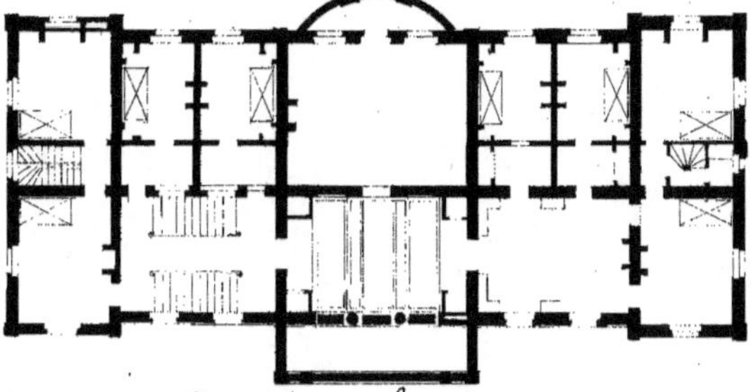

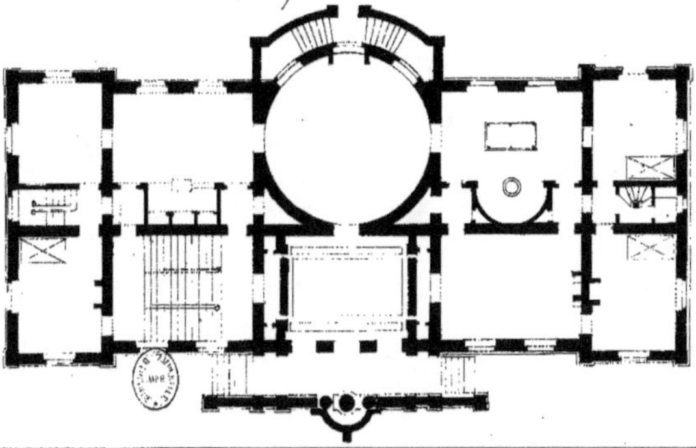

PL. 29.

Dessin linéaire.

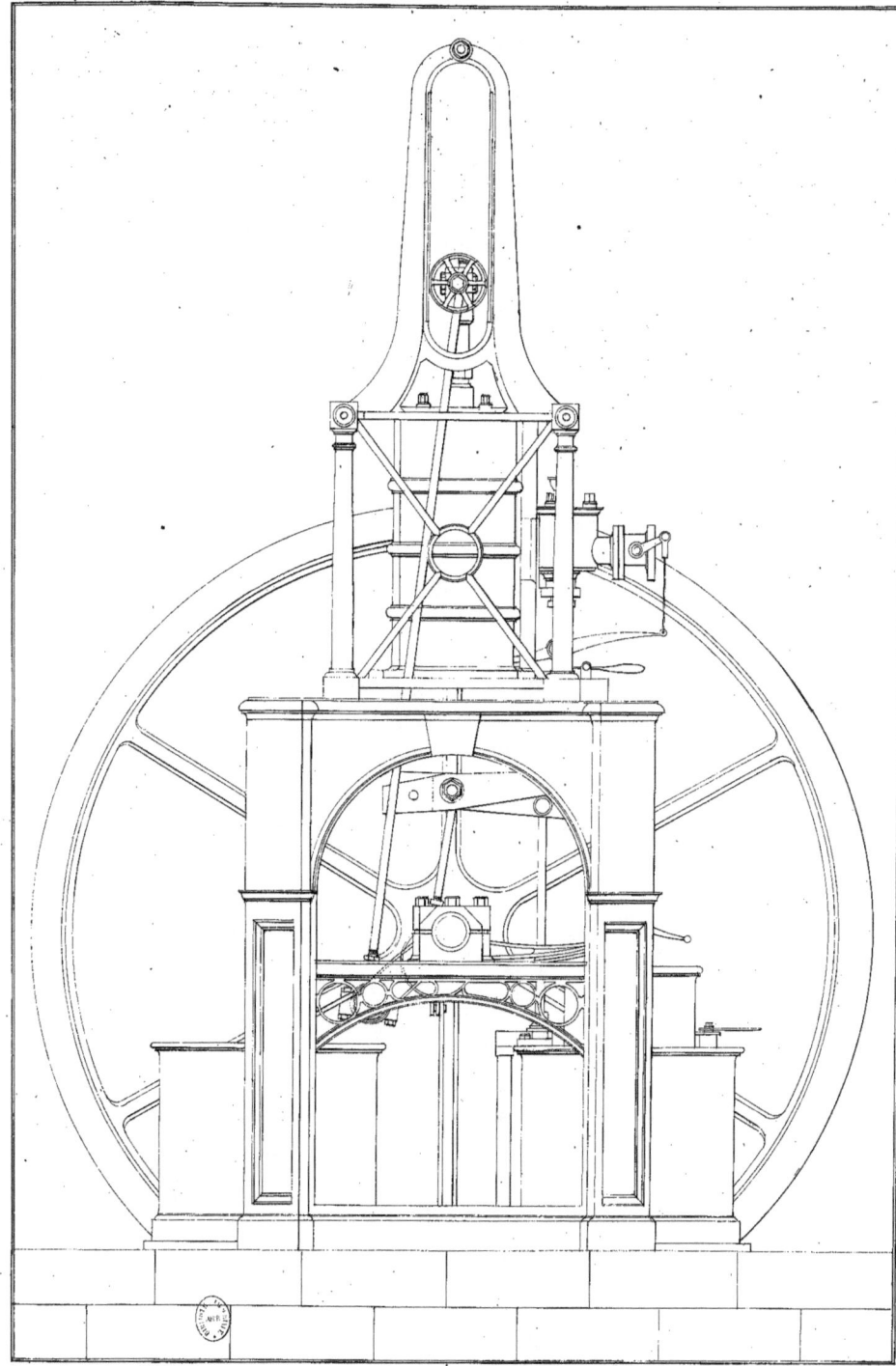

www.ingramcontent.com/pod-product-compliance
Lightning Source LLC
LaVergne TN
LVHW051456090426
835512LV00010B/2176